くり動くと
殿方は目が離せなくなります。

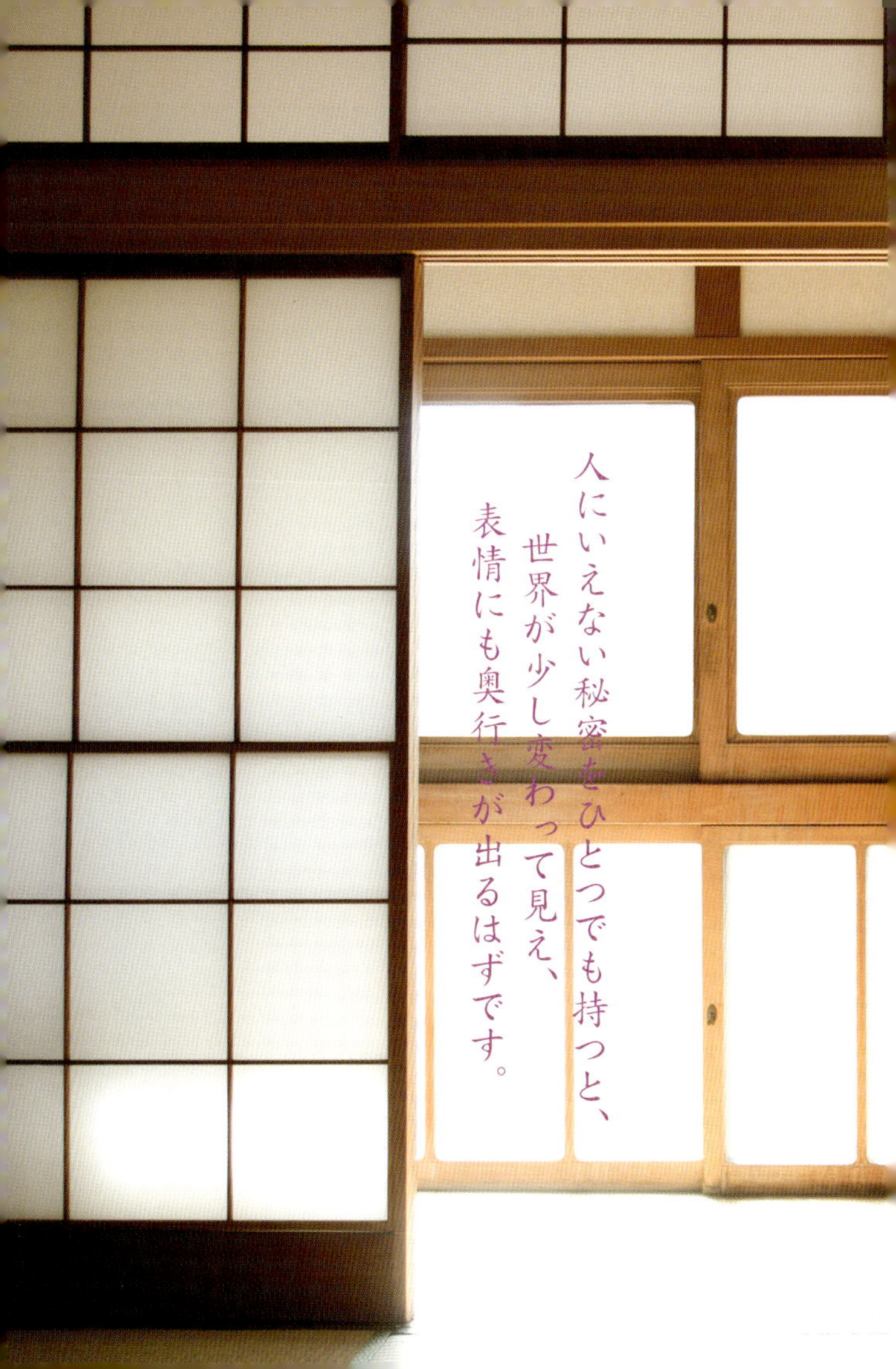

人にいえない秘密をひとつでも持つと、
世界が少し変わって見え、
表情にも奥行きが出るはずです。

殿方に触るスキを与えるため、
目の前で身繕いをしてさしあげます。

殿方は「ひものついた服」が
大好きです。

「出し惜しみ」しても
女性の価値は上がりません。

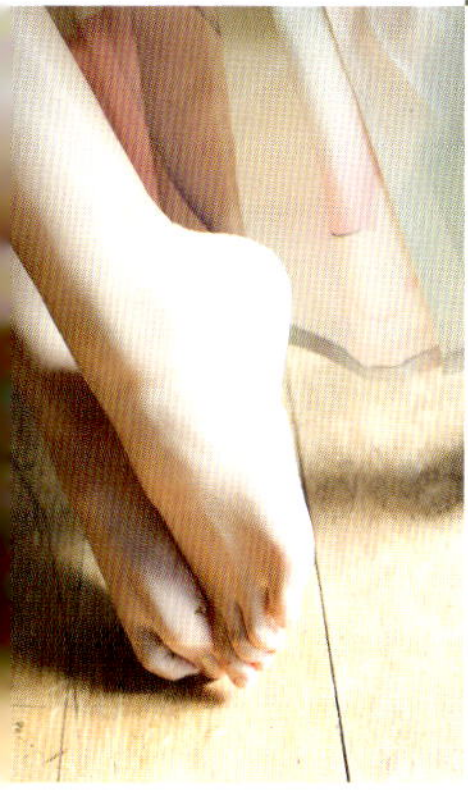

いちばんお手入れを
するところは、指先です。
殿方を傷つけないために、
爪は必ず短く
そろえております。

恋愛は一回寝てからが勝負です。

だいわ文庫

エロスのお作法

壇蜜

大和書房

はじめに

ねえねえ、どうして壇蜜って人気なの？　「エロい」って言われてるけど、モデルみたいにスタイルがいいわけでもないし、顔だって絶世の美女ってわけでもないじゃん。しかも33歳（笑）。もっとかわいい芸能人は、いっぱいいるよね。まったく男は何を見てんの？

……とお思いの淑女のみなさま、はじめまして、壇蜜と申します。

みなさまのおっしゃることは、まさにその通りだと存じております。

しかし、みなさまからすると理解不能なエロ女、それが壇蜜です。

淑女のみなさまのおっしゃっていることの裏側には、実に重大な真実が隠れていることにお気づきでしょうか。

一つは、淑女のみなさまには信じがたい、思ってもみないようなところに、殿方の心と股間を揺さぶるツボがあるということ。

二つ目は、逆にみなさまがこれまで「よかれ」と思って実行されていたことが、殿方にとってはまったく逆効果になる場合もあること。

そして三つ目、殿方をハァハァさせるには、八頭身のスタイルも、女優のような美しい顔も、ピチピチの若さも、最先端のファッションセンスもいらないということです。

いったい何が殿方をハァハァさせるのでしょうか。

それを蜜なりに考えまして、この本に綴ってみました。

これまでの恋愛やグラビア撮影での経験から得た「ハァハァのツボ集」みたいなものです。「壇蜜、ワケワカンネ」と切り捨てる前に、ちょっぴりでいいのでのぞいていただけたらうれしいです。

などと書いておきながらなんなのですが、正直申しますと、蜜はいわゆる「恋愛ハウツー本」が好きではありません。

なぜなら、たくさん「しなければならないこと」があってたいへんだと思うからです。

現代の女子はたいへん忙しい。それは身にしみてわかっております。恋愛だけでなく、仕事、家族、結婚……考えるべきことが多すぎます。蜜もこのお仕事に辿り着くまで、実に不安定な時期を過ごし、悩んでおりました。

ピザ屋、家庭教師、和菓子屋、葬儀社、医療関係、ＯＬ、銀座のクラブ……さまざまな職業を転々とし、たくさんの出会いと貴重な経験をさせていただきましたが、どうもしっくりときませんでした。常に「これでいいのだろうか」という思いがありました。大学に加えて製菓学校と葬儀学校の二つの専門学校を出させてもらっているのに、こんな調子では両親に申し訳ない……。

20代も半ばを過ぎると、厳格な父方の親戚から「お見合いをしろ」などと結婚への圧力がかかってきました。

悩みは抱えきれないほどあるのに、時間もお金もほとんどない。焦りばかりがつのりました。

そんな厳しい中で「あれしろ」「これしろ」なんて恋愛本は読みたくないですよね。

この本には、蜜の秘密を知ってほしいと思い、たくさんのことを書きましたが、実際に「しなければならないこと」はそう多くはありません。毎日のエクササイズやネイルサロン通い、旬のワンピース、ブランドバッグ……といったものは一切不要です。

必要なのは、ほんのちょっとだけ「気持ち」を変えたり、ほんのちょっとだけ「視点」を変えたりすることだけ。

すごく簡単なことです。

殿方は、とってもかわいくて愛すべき生きもの。頼るべきものであり、愛《め》でてお願いをきいてもらうものです。

そんな殿方に褒められたりやさしくされたりすると、女性はますます美しく艶《つや》やかになれます。

殿方の視線や賛辞は、私たちの「栄養」なのです。


もちろん、この本に書かれていることは、すべて実行すればうまくいくというわけではありません。

女も男も十人十色。人の数だけ愛のカタチがあります。

でも、もしみなさまが「これならできそう」と思うことがありましたら、試していただけましたら幸いです。

壇蜜のコンセプトは「昭和のエロス」。時代が変わったとはいえ、殿方が女性に求めるものはそう大きくは変わりません。「ひとつ昔の女」に戻るような感覚で、ご一読ください。

みなさまの人生に潤いをもたらすきっかけが少しでも作れましたら、なによりも嬉しく思っております。

目次

第2章

デートのお作法

第3章

言葉のお作法

第4章

ベッドのお作法

第5章

心のお作法

第1章

見た目のお作法

殿方に「触りたい」と思わせたら
女性の勝ちです。

服は「いずれ脱ぐもの」と心得ております

蜜は、**アンチ勝負服派**です。

世の中には、意中の殿方と会う時だけ、気合いを入れておしゃれをする淑女がいらっしゃいます。

ふだんよりも露出度を高めにしたり、お値段の張るブランドの服を買ったり、ファッション誌で紹介されていた「愛され服」をお召しになる……これは、実に「もったいないことである」と個人的には思っております。

その時「だけ」おしゃれして自分を高めに設定しても、お付き合いが始まれば、すぐに理想と現実のギャップに自分で疲れてしまうに違いありません。しかも、貴女本来の魅力は伝わっていないことがほとんどです。

狙った殿方と晴れてお付き合いできることになった時、自分のふだんの姿を見せたら、彼の態度が急に冷たくなってしまった、なんてことも大いにあり得るのです。

「どうして冷たいの？」

「どうしてほったらかしにするの？」

と問うても後の祭り。おそらく彼は、**背伸びしていた貴女、「愛され服」を着ていた貴女を「本来の貴女」と認識していたのでしょう。**

経済的にも、奮発《ふんぱつ》して買った勝負服は損です。いつも着ている服より三倍も四倍も値が張る服をたった一着所有していても、結局その一着にしか助けてもらえません。

しかし、彼と会うのはたった一度ではないのです。

平均して一万円以内の服をそろえていれば、手持ちの服みんなが助けてくれます。こちらのほうが合理的だと思われます。

先日、結婚相談所の方にお話をおうかがいする機会がございました。

その時のお話によると、結婚相談所に登録された女性の方々は、とてもまめにお見合いパーティーに参加されて、一生懸命おしゃれするのだそうです。

……が、その姿は、

「マンガで見るような『授業参観日のお母さん』みたい」

とのことでした。

気合いを入れれば入れるほど目的から遠ざかってしまう……なんという悲劇。あまりにつらいことです。

年を重ねれば重ねるほど、やみくもにがんばる女性が報われない思いをするのは、悔しいけれども事実です。ならば、そこでがんばるのはやめましょう。

おしゃれは、いつも65%。これが33歳の蜜の持論です。

特に最初の段階では、着飾ることにエネルギーを費やすよりも、気になる殿方の言葉一つひとつに耳を傾けることに集中しましょう。その方の好みを聞いてからおしゃれしても遅くはありません。

いえ、そのほうが確実に心をつかむことができます。

基本的に殿方は女性の服装にはさして関心をもちません。一目惚れなさったとしても、その女性がどんな服装であったかは記憶に残っていないのではないでしょうか……。

それでしたら、インパクトの強い服を着て、「自分」よりも「服」の印象を強くするのは損な話。そこで趣味が違ってしまっていたら取り返せません。

それが本当に「自分が好きで着ていた服」であれば諦めもつきますが、雑誌の指南する「モテ服」を鵜呑《うの》みにした結果だとしたら、あまりにも悲しいではありませんか。

だからこそ、最初はごく平均的なファッションで充分。ちょっとハプニング的な要素のある服であれば、殿方は十分にときめくはずです（ハプニング要素のある服については40ページから詳しくご紹介します）。

これまでメディアに刷り込まれてきた「愛され服」「モテ服」などからちょっと離れて、決めつけていたことをいったんお休みする勇気も必要だと思います。

恋は中身でするもの。

おしゃれはあなたの魅力を伝えるための何％かのお手伝いにすぎません。

それに、なんといっても結局は脱いでしまうものなのですから。

殿方が求めるのは「ラメ」より「ふくらみ」です

蜜は大学を卒業して少したった頃、銀座のクラブでママのお手伝い、いわゆる「ヘルプ」として働かせていただいたことがあります。

ホステスさんと同伴出勤の際、お客様はお酒が入ると口説きに入ってしまい、お店になかなかいらっしゃらないことが多々あります。そんな時に、ふたりを迎えに行く役目を仰せつかっておりました。

当時の蜜は23歳。お迎えに参りますと、若い娘が来たということで、場がそれなりに色気づくものです。そこですかさず、「そろそろお店行きましょう……」とお客様を説得するわけです。

ホステスさんもそれに乗じて「まこちゃん（蜜の源氏名です）も来てくれたんだから、もうお店行こうよ」とお客様を半ば強引に連れて行きます。

その様子をたとえるなら、鵜飼《うかい》。「ほら、行ってこーい」と遣わされた蜜は、あの時完全にママの〝鵜〟でした。

ほかにも、ママの同伴にお供して、食事だけで終わらせるための口実になったり、ホステスさんとお客様が乗るタクシーに詰め込まれ、お客様が大事な商品にお触りしないよう見張る役目を果たしたり。銀座のホステスさんとお客様のアレやコレを日々目《ま》の当たりにし、殿方の習性をよく観察しておりました。

あくまでヘルプという立場ではありましたが、殿方にサービスすることを生き甲斐とする蜜は、ヘルプとして他の方に負けたくないという思いがあり、お給料の半分ほどをドレス代に充《あ》て、毎週異なるドレスを着用するよう心がけました。

年がら年中同じドレスを着て接客しているヘルプさんを見て、

「殿方はそれでは喜ばない」

と直観的に感じたのであります。

ふだんのおしゃれは65％の蜜ですが、ここは夜の銀座。お金を払って来てくださるお客様へのサービスの一環、パフォーマンスの一環といいましょうか。安物でも毎週違う服を着ていることに意味があると考えていたのです。

その時に悟ったことが、**「ラメよりふくらみ」**です。

パッと見、ラメ入りのドレスのほうがきらびやかで目立ちます。しかし、あえてそれは選ばず、ハイネックなどのぴったりと体に張り付くタイプを選ぶことが大切なのです。

殿方はラメには気づかなくても、乳首が浮き出る可能性のある服や、胸のふくらみがはっきりとわかる服には確実に反応するということがわかったからです。

これは、今もテレビに出演する際の衣装選びにもつながります。

ラメがあしらってあって光るものや凝ったデザインよりも、三千円でもいいから「胸の谷間が深く見える服」「背中が大きく開いてお尻が見えそうな服」「ぴったりとして乳首が浮き出そうな服」を選びます。殿方が思わずひきつけられてしまう服というのは、そういうものであるという確信があるからです。

その後、タレントとしてデビューし、グラビアを撮影した時に、ある方から「どうやったら男がうれしいかを考えて臨みなさい」というアドバイスをいただきました。

そう、グラビアで大切なのって、自分が「きれいか」「かわいいか」「おしゃれか」などではなく、**「殿方がうれしいか」**なんですね。

それ以来、薄着でのグラビア撮影においては、事前に乳頭を自ら刺激し、しっかり浮き出させてから撮影していただくようにしております。

もちろんこれは、あくまで夜のお仕事やグラビアタレントなどパフォーマーとしての話です。このまま恋愛に応用して、日常的に乳首を目立たせたり、あまりに過激な露出のお洋服選びは殿方に引かれますのでいけません。

ただ、**「殿方のニーズはどこにあるのか」**を考え、日常から逸脱《いつだつ》しない範囲で応用するのはおすすめしたく思います。

多くの殿方は急なファッションの変化についていけないので、たとえば最近流行しているタトゥーを織り込んだようなストッキングもお好みではないようです。

ガーターベルトに見えるようなレースのプリント付きのストッキングなども、一見セクシーかと思いきや、「これ、ガーターベルトじゃない！　偽物だ！」ということを確実に見抜くのが殿方です。

殿方は「男性に向けて発信している情報かどうか」というところにたいへん敏感です。「つくりもの」「できあがった世界」が嫌いなのです。

おそらく「女性が自分自身のために装っている服」は、本人の中だけで完結していて、殿方はそこに参加できないことがさみしいのだと思います。

もし殿方に向けたおしゃれをしたいのであれば、プリントのストッキングより、肌色のごく普通のストッキングをはいて、殿方に破らせてあげたほうが喜びます。

安売りのストッキングでかまいませんので、何足でも破らせてあげましょう。

蜜はストッキングをはく時は、常時二足は携帯しております。

殿方のニーズをとらえた装いをすれば、殿方は「おっ!」と目線で反応してくれますし、**そうした服を着ていない時よりも確実に親切度が増します。**

本当に、殿方って素直でかわいい生き物。その習性を知ったうえで殿方向けのおしゃれをしない手はないと思うのです。

視覚的に殿方を楽しませるサービスとは？

お洋服のコーディネートは、完璧にできあがってしまっているものよりも、柔軟に変化をつけられるファッションをおすすめします。

「柔軟に変化をつけられる」というのは、たとえばノースリーブ＋カーディガンのような服のことです。蜜はいつも、半袖よりはノースリーブ＋カーディガンを選びます。そのほうが後々展開しやすいのです。

屋外ではカーディガンをはおり、レストランに入ったら脱ぐなど、シーンに合わせて変えることができます。

同様に、髪型もきっちり作り込むよりも、下ろす、結わく、前髪を少しとめるなどの変化がつけられるようにラフにしておきます。

一回のデートで色々な姿を見せられたほうが、殿方にとってはお得感もありますし、こちらもさまざまな角度から魅力を見せることができます。

ほかにも、ストールなどの羽織りものも便利。足した時、引いた時にどう見えるかまで考えておけば、デートの間中飽きさせることなく殿方の視線を釘づけにするよいパフォーマンスになるでしょう。

……この時点で、蜜は「グラビア脳」だということがおわかりいただけますでしょうか。「脱いでからの～？　からの～？」と、展開を考えてしまうのです。つまりは、見てくださる方を「楽しませたい」という目的意識ですね（笑）。

みなさまも自分のＤＶＤや写真集を作るイメージで、限られた衣装で、いかに殿方の目を楽しませることができるかを考えてみてはいかがでしょうか。彼女は彼氏の「アイドル」なのですから、それくらいのサービスはしてもよいと思います。

蜜は、洋服をトレンドやブランドなどではなく、常に「機能性」で選んでいます。

「これ、どれくらい透けてるかな？」

「ボトムをはいてないみたいに見えるかな？」

などがチェックポイントです。

「ボトムをはいてないみたいに見える」というのは、丈が長めのニットやシャツのことです。こうしたデザインの服は、ニットワンピなのかニットチュニックなのか迷うことがありませんか？

下に何かはいたほうがいいのか、はかなくていいのかわからなくて、試着してもわからないし、店員さんは「どっちでもいい」っていうし、いざはかないで出かけたら、なんとなくおかしいし……。

でも、そういう服は殿方もきっと気になると思うのです。

「それ、下はいてるの？」って、きっとのぞいてみたくなるはず。

そういうちょっぴり扱いに困る服が好きです。

最近のお気に入りは「突風」と大きく前面に書かれたTシャツ。渋谷で見て一目惚れして即買いいたしました。

「どうしてこのTシャツを？」

と、**人の好奇心をくすぐるポイントをひとつ入れておくと、殿方の注目を浴びることができるのではないかと思います**（色気としてはどうかと思いますけれども……）。

Tシャツは、あらゆる服の中でもっとも無難で、誰でも見たことがあるアイテムですから、「突風」に少々引かれることはあってもドン引きまでには至らぬはず。

これがもしチューブトップで「突風」と書いてあったら、おそらく誰も近寄ってくれないでしょう。お色気とお笑いが混じると戸惑う人が増える……。クスリとさせる、その微妙なさじ加減が重要です。

どうですか、意外と緻密《ちみつ》な思慮の上での「突風」Tシャツなのです。それを人は「壇蜜は私服が残念」とおっしゃいますが……。

飾りすぎた装いは、殿方が触りにくくなるものです

殿方に向けたファッションは「無難が強い」とすでにお伝えしました。
それをさらに突き詰めると、「〜しやすい」がポイントとなります。
それは服だけでなく、メイクやアクセサリーも同様です。
「〜しやすい」とは……、

◉キスしやすい
◉触りやすい
◉握りやすい

といったことです。

具体的にイメージしづらい場合は、逆の例を考えると明快です。

◉コテコテにグロスを塗っている唇は、キスしにくい印象
◉アクセサリーをジャラジャラつけている胸元は、触りにくい印象
◉ネイルが3Dになっている手は、握りにくい印象

作り込みすぎたメイクや、ピシッと固めたヘアスタイル、スキのないスタイリングのファッションは、愛撫《あいぶ》したら崩れてしまいそうですし、ギュッと抱きしめたらバランスがこわれそうで「抱きしめにくい」。


蜜はアクセサリーもほとんどつけません。

ピアスもいたしません。

それはなぜか。

……耳が性感帯だからです。

殿方にたっぷりと触って弄《いじ》って感じさせてほしい部分には、余計なモノは何も施《ほどこ》しません。**あえて無防備にして「触られやすい」状態にしているので**

す。

たとえば鎖骨を見せたい、触られたいという場合は、ネックレスはつけないほうがよろしいでしょう。

何もない素肌。その生身の肌が貴女の欲望を饒舌《じょうぜつ》に語ります。

「私のここを触ってほしいの、指で、舌で、ねえ早く」と。

美しく見せたい部分こそラメパウダーをつけたり、アクセサリーをつけたりしたいとお考えの方もいらっしゃるかもしれませんが、蜜にとっては「つけない」ことも、ひとつの殿方へのアピールなのです。

他にファッションに関していえば、**殿方はホルターネックや肩ひもが結んである服がお好きなようです。**

それは、**「脱がせやすい」**感じがするから。

おそらく殿方の頭の中は、「このひもを引っ張ったらどうなるんだろう？」というイヤラシイ想像でいっぱいになってしまうのでしょうね。かわいい。

逆にぴったりしたスキニージーンズは、セクシーに見えるようでいて意外とダメ。なぜなら**「脱がせにくい」**から。

「今晩、この子とできそう」とは思わせられない気がいたします。

それなら逆に、ひざ丈のワンピースで、リボンやボタンがついているようなタイプのほうがいい。**ひと手間で脱がせられる感じがすると、「今日イケるんじゃないか」と思わせられそうです。**

このように、殿方に向けたファッションやメイクは、「〜しやすい」か「〜しにくい」かを考えると、自ずと目指す方向が見えてくると思います。

女性は往々にしてグロスのツヤ感やネイルアートの精緻《せいち》さ、つけまつげの長さなどディテールを競い合いますが、細部の違いがわかるのは女性同士だけ。

殿方はもっと「パッと見の印象」で判断します。

みなさまは「恋におちやすい」雰囲気をまとっていらっしゃいますか？

「出会いがない」と嘆く前に、もう一度**殿方の妄想スイッチをオンにさせる服装かどうか、ご自身でチェックされてみることをおすすめいたします。**

「そこまでするなんて、男に媚びるみたいで恥ずかしい」などと思う必要はありません。

殿方の生態とはそういうものですから、ポイントを理解してサービスしてあげれば、きっと喜んで褒めてくれるはずです。

そしてそれは、いずれ女性の美しさにつながるのです。**褒められることは、女性にとってなによりの美容液です。**

夜に甘えたいから、高いヒールははきません

デートの時は、いつもより少し低いヒールの靴を選びます。

殿方は高いヒールで疲れきった女性を見たくないはずだと思うからです。

「私はあなたにどこまでもついていきたいの」

低いヒールはその決意の表れです。

なかには、「キレイなアタシが見たいんだったら、移動は全部あなたのクルマかタクシーで」という淑女の方もいらっしゃるでしょう。それはそれでいいと思います。そういう女性が好きなバブル紳士もきっといるはずです。

しかし、**バブル紳士一本釣りを狙うつもりでないのであれば、ぜひ低めヒールで攻めてみてください。**

蜜は、夏はコルクヒールなどの、厚みはありながらも歩きやすい靴を選び、秋から冬はブーツか低めのパンプスが多いです。

『キンキーブーツ』（2005年・アメリカ／イギリス）という映画をご存じでしょうか。

主人公の美女・ローラが、

「こんな細いヒールじゃ私の人生支えられないわよっ！」

とヒールを捨ててしまうシーンがあります。素敵なセリフです。

ネタバレになってしまいますが、ローラは実はドラァグ・クイーンです。つまり、男性なのです。ローラが足に合わない女性用の靴を無理にはいていたことを、靴工場の社長チャーリーが知り、セクシーな男性用ブーツの開発に着手。これが倒産しかけていた靴工場を救うというストーリーです。

細いヒールでは、蜜の人生も長くは支えられません。

ぺたんこ靴ではエレガントさに欠けるとお思いでしたら、「ハイヒールだと色々なところに行けないから、低くてごめんね」と正直に言えばよろしいかと。

または、デートで一緒に靴屋さんに行って、彼に好みを聞いてみるのもいいかもしれません。

「このヒール、すごく細くて高いけど素敵。一緒に歩いてくれる?」と。よく「おしゃれは我慢」と言われます。でも、我慢して靴擦れの痛みに耐えて、彼の話もロクに聞けずにせっかくのデートが楽しめなくなってしまうのはもったいないこと。

デートの目的は、「キレイな私を見てもらうこと」ではなく、一緒に時を過ごすことで「互いをもっとよく知り合うこと」ではないでしょうか。

それに、足が痛くなった女性の面倒をみるのは殿方です。

「足が痛くてもう歩けなーい!」と殿方に甘えることに価値をおいている女性もいるかもしれませんが、蜜は昼間は心身とも万全のコンディションで楽しみ、夜にたっぷりと甘えたいので、昼に靴擦れで甘えてしまうのが惜しいのです。

殿方の存在をもってしても解決できない靴擦れのような問題があると、殿方もその女性を丁寧にかわいがろうという気がしなくなるのではないでしょうか。それはとても残念なことです。

「ハプニング」を演出すると、殿方はやさしくなります

お仕事では、いつもひかえ目ながら胸の「谷間」をのぞかせている蜜ではございますが、日常生活においては、「谷間」は服の下に収納しております。

「谷間」は非日常、非現実的なものです。

殿方としても、いつもいつものぞいていたら、会話も頭の中に入ってこない気がします。気持ちが胸に集中してしまうのではないでしょうか。

お金持ちがペルシャ猫を抱っこしてブランデー入りのグラスを手にしていたら、グラスとペルシャ猫ばかり見ちゃいますよね。蜜は見ますよ。

本来は「谷間」＝秘められたものです。

首周りが大きめに開いているニットなどを着て、ちょっとかがんだ時に「谷間」が見えてしまうというハプニング、物をとると肩が見えてしまうと

いうハプニングは、存分に利用していいと思います。

が、**常時出ているのは注意力を散漫にするうえ、ありがたみも薄れます。**いつも大当たりするギャンブルでは喜びが麻痺してしまうように、たまーにチラッと見えるから喜ばれるのです。

同様の論理で、セクシーなファッションアイテムもひとつだけに絞ったほうがよろしいかと。

たとえば、ジーンズだけど胸元はざっくり開いているニット。あるいは、前から見ると普通のクルーネックセーターだけど背中にスリットが入っていてチラ見え。上は露出していないけれども下はショートパンツ。古典的な法則ですが、こうした肌の見せ方はやはり強いもの。**上も下も全部露出していたら、殿方を本気でワクワクさせることはできません。**

視線を感じるとしても、

「お、見えるから見ておこう！」

程度のものです。

「今日はここを見て」というポイントをひとつにすれば、見せたいところを絞り込んで印象に残すことができます。

アイテムでは、網タイツもおすすめです。蜜は、三回のデートに一回くらいは網タイツです。

殿方は網タイツがお好きな方が多いようで、「網タイツってあったかいの？」とよく聞かれます。あたたかいはずがありません……ないよりはマシ程度のものです。

でも、興味があるからでしょう。蜜はよく聞かれてきました。特に目の粗いタイプが気になるようです。

蜜はそれをリクエストと受けとって、流行と関係なくはいております。もちろん替えの一足もバッグに忍ばせて。

その日は心なしか殿方のサービスもよくなるような気がいたします。

蜜がパンツをはかない理由

あらかた下着はつけておりません。

パンツをはいていないと、やはり下半身がなんとなく緊張いたします。

はじめはその緊張感がボディラインの維持やセクシーさにつながるのではないかと思い、はかないことにしました。

が、やがて緊張感が快感に変わってきました。

他の方がしていないさそうなことをしている自分に、ゾクゾクするのかもしれません。電車に乗っていて、この車両でパンツをはいていない女性は私だけかもしれない……と思うと、おかしいやら興奮するやら。変態でしょうか。

おしゃれの観点から言いますと、パンツの上にパンツ（ズボンの意味のパンツですね）をはくと、ゴムのラインが出てしまうことが許せません。

パンツのゴムによって隔てられ、段々になってしまったお尻。このまま割れてしまうのではないかと不安です。

脱いだ時、ゴム跡がつくのも困ります。パンツのゴム跡がついた壇蜜のグラビア、滑稽《こっけい》ではありませんか？

〝脱いでからが仕事〟の蜜にとって、**パンツは邪魔な親友。**いないと困るけど、時々ひとりになりたい時もある、というわけです。

ごくたまに寒い時に、急にパンツが恋しくなってはくこともありますが、たいていペラペラの、「あなたは本来の目的を果たそうとしてる？」と小一時間問いつめたくなるような頼りないパンツがほとんど。もしくは、お尻に跡が残らないTバックです。

下着の色問題は、多くの女性が悩みがちですが、もともとTバックとブラがセットになっているものは少ないので、蜜はどちらかというとだいたいの色合いがそろっていればいいかな程度のユルさです。

ほとんどの殿方はパンツとブラがそろっているかどうかなど気にしていないようですので。ですから、下着は自分の着心地がよいもの、透けるなどしてファッションに響かないものを選べばよいと思っております。

蜜は、ふだんは白のレースなし、黒のレースなしといった地味なブラをヘビーローテーションしています。

パンツと同様、グラビア撮影前には跡がつかないようにブラもしない時があります。その時はつまり、ノーパン、ノーブラです。

ノーブラだと形が崩れるのではないかと気にされる淑女もいらっしゃいますね。蜜は、夏はカップ付きのキャミソール、冬はパジャマの上と着圧ソックスだけで寝ています。

血流の関係でしょうか、ノーパン生活を始めてから、ほてったり冷えたりといったことが減った気がします。これは蜜の個人的な見解ですので、パンツをはかないと落ち着かない、ないしは冷えてしまうという方は真似しないでくださいね。

でも、寒くない時期でしたらぜひ一度試してみてはいかがでしょうか。日常でありながらドキドキした感覚も楽しめますし、**緊張感から姿勢もよくな**

るように思えます。おすすめです。

スタイルを気にされるあまり、補正下着をお考えの淑女もいらっしゃるかもしれませんが、あまり多用しすぎると服を着ている間はよくても、脱いだ時に自身がギャップに耐えられなくなりそうな気がしております。**お仕事にしても私生活にしても、結局、最終到達地点は「脱ぐこと」だと考えると、蜜はやはり「補正」はほどほどにと思うのです。**

グラビアの世界に限定すると、傷痕やアザ、シミやシワなどネガティブにとらえられがちなポイントを画像処理する手段もあります。正直、蜜もお世話になったことがあります。多くの方が、この手法に助けられていることも事実です。

もちろんみなさんがそういうわけではありませんし、たとえそうであっても蜜は否定しません。「この子を売り出したい」という事務所の方や編集さんの愛情と熱意が写真からひしひしと伝わってくるからです。本当にひとつのアート作品のようです。

…の殿方の影をチラつかせる」のは
…変有効な手段です。

第1章　見た目のお作法

お作法

ですから、みなさまはグラビアアイドルをご覧になって「こんなスタイルにはなれないわ……」と嘆かれる必要はありませんし、完璧なスタイルを追求なさる必要はありません。どうか女性のみなさまはこのマジックにひっかからないでいただきたいと思います。

それに、蜜を見てハァハァしてくださる殿方がいらっしゃるということは、殿方もそんなに完璧なスタイルを求めているわけではないと思うのです。

ちなみに、蜜は写真に関して「あそこを消して」「ここを削って」「この角度はいや」という要望を出すことはほとんどありません。すべて編集さんまかせです。

撮影時はいつもニップレスも前貼り（陰部を隠すテープなど）もしない主義ですので、何枚かに一枚はアレやらコレやらが見えてしまっているようです。

それはさすがに消すかボツにするかしなければならず、編集さんにいつもご迷惑をおかけしています。この場を借りてお詫びいたします。

「片目だけ見つめる」から気疲れしないのです

若い子の間で、アイライナーやつけまつげ、色付きのコンタクトレンズを駆使して目をパッチリ見せるメイクが長らく流行していますね。

一見、とてもかわいくて魅力的。でも、殿方に発信する場合はどうでしょう。

蜜は、**目は大きさではなくて動き、表情が大切だと思っております。**

そのためには、アイメイクはシンプルにとどめておいたほうがいい。つけまつげや色付きのコンタクトレンズまでしてしまうと、**目の表情を消しかねません。**

コンタクトレンズって、瞳が急に動くとずれることがあるんですよ。色付きのものや瞳を大きく見せるディファインの場合は、黒目が二つ重なった円グラフのようになって、「YES・NO・どちらでもない」みたいになることがたまにあるんです。

まばたきしてフッと見た瞬間に、目が「YES・NO・どちらでもない」となっていたら驚きますよね。その昔、蜜も黒目を強調するコンタクトレンズを使用して感じました。

人間は、目に表情のない人を本能的に恐れるそうです。特に、殿方は女性のこだわりやモードが理解できません。むしろ非人間的だととらえて大きな違和感を覚えるようです。

殿方の好感度を重視するなら瞳を黒くしなきゃ、大きくしなきゃ、をちょっとお休みするのも手かもしれません。


お話しする時は、相手の両方の目は見ないようにしています。

蜜の利き目は左目なので、どちらかというと相手の方の右目だけを見るようにしています。

これには、14歳から習っている日本舞踊の影響が大きくあります。

舞台で、男形と一緒に踊る時に、ふたりが完全に向き合って互いを直視すると半身になり、客席から顔が見えなくなってしまいます。

ですから、相手の片目だけを見るようにします。そうすれば、相手を見ながら、客席に顔を向けて踊ることができます。

これは舞台映えの問題ですが、日常生活にもつい応用してしまいます。

相手の両方の目を直視するよりも、片目だけを見つめたほうが、自分があまり疲れない……。

それに、おしゃべりしている最中に**ふたつの目を見るより、ひとつの目だけのほうが集中でき、相手にも「あなたの話に集中しています」ということが伝わりやすいようです。**……あくまで私の場合なのですが。

また、殿方を見つめる時は、最初に予告するとドキッとするみたいです。

「ねえ、じっと見てもいい？」と。

最初は冗談ぽく。でもじっと。

相手は照れながらも気持ちが盛り上がるはずです。

定番ではありますが、上目遣いもやはり効果があります。

上目遣いは、「あなたに従順であります」というサイン。犬や猫などのペットが飼い主を慕う愛らしさがあります。

まっすぐ正面から上目遣いで見るより、横からのぞくような角度があったほうがより効果が高そうです。

つけまつげやコンタクトレンズはコンプレックス解消の救世主ですが、「目は口ほどに物を言う」という言葉もあるように、時には隠さず、思う存分目で語ってみてください。殿方の案外ピュアな反応が見られると思います。

殿方には「触る言い訳」を用意してさしあげます

殿方の心を仕草でとらえるには、ズバリ、「スキ」が必要だと思います。

では、「スキ」とはなんでしょうか。

蜜は、**殿方の前でキャミソールの肩ひものズレを直すなど、失礼ではない程度の身繕《みづくろ》いをします。** 本来は人に見せない行為なので、その動きに殿方の視線を感じることがあります。

もちろん、やりすぎは禁物。ブラジャーのひもは見えないように気をつけております。加減は大切です（蜜が加減を注意するのもなんだか妙ですね）。

また、ちょっとした**マイナーチェンジ**も有効です。

たとえば、髪をかき上げてピンで留めたり、ニットの腕をまくって素肌を露出させたり、スカートの埃《ほこり》を軽くはたいたりします（ついていなくても、です）。

人は、動くものをなんとなく目で追ってしまうもの。**見てほしいところは特に自分でも触ると、殿方の視線を集めるのにいいと思います。**

また、「背中に何かついてない？」、あるいは「後ろのリボンほどけてない？」などと、自分の目や手が届かないところを確認してもらうのもいいですね。

後ろにボタンやホックがある服の場合、「留められる？」と頼んでもいいでしょう。

とはいっても、以前、蝶結びができない殿方に出会ったことがありますので、最悪の場合を予想して、自分で結べる服のほうが安全かもしれません。

高い場所にあるものを取ってもらったり、固いふたを開けてもらったりするのも、手と手が触れ合ったり、距離を縮めるいい口実になりますね。

こうした言葉をかけるのは、つまり**「あなたに触れるチャンスを殿方に与えている」**ことになります。突然「触ってみる？」ときくわけにもいかないので、相手に手伝ってほしいというポーズをとれば伝えやすくなりますよね。

殿方はみんな、女性に触りたい欲求があるものです。

だから、「触ってもいいよ」ということをそれとなく示してさしあげると、たいへんに安心して勇気が湧いてくるはずです。

「半歩下がる」と自然に触るきっかけがつくれます

デートの時は、いつも手をつないだり腕を組んだりしています。そのほうが近くなって話しやすいのか、言葉を聞き返すことが少なくなりました。

手をつなぐ関係になっていない状態でふたりで歩いている時は、ちょっと後ろからついていったほうが触りやすい。

「ちょっと待って」「これ、見て見て」と声をかけて自然に手をつないだり、二の腕をつかめば、グッと距離が縮まります。

自分から殿方に触れる時は、「そっと」触ります。

間違っても、「いやーだあ（ばしん）」といったことはおすすめしません。

「こう触られたら私もうれしい」「私にもやさしく触れて」ということを、相手への触り方で示すのです。

例外は、セックスの最中。**セックスが盛り上がるにつれてギューッと力を入れて強く触ったほうが、自分も高まっているというアピールになる**ような気がします。激しくなったり穏やかになったり、殿方の緩急に合わせてボディタッチも緩急をつけたほうがいいでしょう。

殿方に触られやすくする方法、というのはスキを見せる以外にはあまり考えておりません。

相手主体で触られることを待っているだけでは、こちらは最終的にコントロールできないので、ストレスをためてしまいそうなのです。蜜はいつも自分主導です。

とはいっても、殿方の太ももやひざにタッチするのは、いわゆる「お仕事」ふうなので避けたほうがよろしいかと。

銀座では、お客様のほうにひざを向けて少し倒し、お客様の太ももの上で手を握ってお話を聞きなさいと教えられました。

お触りしてくるお客様がいたら、手を握ってしまえばいいともレクチャーを受けました。そう、**銀座の女性が殿方の手を握っている時は、「守り」の姿勢なのです。**

でも、そんな行為を日常的にしていたらかなり変な人に思われてしまいます。蜜がそれではマズい、と気づいたのは20代半ば過ぎのこと。銀座のマナーは、プライベートには応用できません。

女性からのボディタッチについて、あまり慣れていないと驚く殿方もいらっしゃいます。慣れていない雰囲気がしたら、思い切って触ってもいいかどうか、先に確認をしています。

ストレートに聞くのは気がひけるというなら、

「えっ、あなた本物？　触っていい？」

「なんかご利益《りやく》ありそうだから、触っていい？」

なんて聞いたり、久々に会った人には、

「こんなに昔と今とギャップがある人、初めて見た。珍しいから触っておこう」

なんて言ったり。

普通、「触っていいですか」と、許可を求められることはめったにありませんから一瞬ドキッとするようです。

ドキッとさせて触ったほうが効果的ですし、冗談ぽく言えば、こちらは損しません。

逆に意中ではない殿方から触られたとしても、あまり拒否反応は見せないようにしています。

あまりにも露骨でいやらしい感じでなければ、**そういったコミュニケーションを日常的にしておくのも色っぽさの雰囲気作りには必要なことかもしれません。**

殿方は拒否されることを異常に恐れていますからね。

ゆっくり動くと殿方は目が離せなくなります

蜜は、いつもゆったりと動くように心がけています。

これもまた、長らく習い続けている日本舞踊の影響かもしれません。

稽古場では、蜜がいちばん年下でした。

そのため、小さな蜜がせかせか焦って動いていると、お姉さん（姉弟子《あねでし》さん）たちがすぐに手伝いに来てくれます。

たとえば、お稽古の後、着物を急いで畳まなくちゃと焦っていると、「私が畳むわよ」と言ってお手伝いしてくれます。目上の方が目下の者の面倒をみるのは当たり前の世界なのです。

お姉さんの手助けを遠慮して断るのはマナー違反。「恐れ入ります」とありがたく受け入れるほうが礼にかなっています。言ってみれば、お世話していただくことは下っ端の特権でもあるのです。

しかし、あまりにお世話になってばかりいると「この子はまだまだ半人前ね」と見られてしまうのも事実です。その時の蜜には、「早く大人の世界に入りたい、早くみんなに認められたい、早く名取《なとり》になりたい」というほのかなハングリー精神がございました。

そんなことが背景としてあり、何か物事を行う時は**「焦ってはいけない」**と思うようになりました。

時間に余裕がない時も、焦って雑に動くより、ゆっくり丁寧に、かつテキパキと動いたほうが美しいし、効率がよいものです。その習慣が、日本舞踊を離れても身についており、時間がない時ほど「焦っちゃダメ」と無意識にスイッチが入るようになりました。

焦ってバタバタと動くと優雅さが損なわれてしまいます。

それに、物事はなんでも早く終わればいいわけではありません。時間内に終わりさえすれば、他の人とペースが違ってもいいのではないでしょうか。

聞いたところによると、女性はおしゃべりをしながら何か別のことをする能力が、殿方よりも優れているそうです。

最初は難しいように感じるかもしれませんが、「ゆっくり」を意識するのとしないのとでは全然違うことでしょう。

焦りそうな時は、まずひと呼吸。ぜひ試してみてください。


ほかにも日本舞踊から学んだことはたくさんあります。

日本舞踊というと、あまり激しい動きはないイメージかもしれませんが、一曲一曲がとても長いですし、途中でテンポが速くなることもあるので、二十分も踊ると汗が出てきます。真冬以外は、背中を汗が流れていくほどです。

したがって、教室のドレスコードにもよりますが、ふだんのお稽古は浴衣を着ています。蜜は中にTシャツかキャミソールを着て、その上に浴衣を着ていました。

浴衣や着物は、今の日常生活がしづらいようなつくりになっています。

まず裾が重なっているから歩きにくい。袂《たもと》があるからうかつに手が伸ばせない。草履《ぞうり》は歩きにくい。強制的に動きがゆっくりになります。

また、着物も浴衣も、Tシャツのように毎日洗えるものではありません。

制約が多い中で、いかに汚さないように、そして見苦しく着崩さないように動くか。そうした点に気を遣うので、おのずと所作がゆっくり美しくなります。

ギャル浴衣、ミニ浴衣なんていうのもありますね。ファッションとしてはおもしろいと思うのですが、**もし本当に美しい所作を身につけたければ、正統な浴衣や着物を着て日本のスローな文化に返ると、動きも気持ちもスローになります。**

日本古来の文化はとにかくスローです。お茶でもお花でも、タイムトライアルのような要素はありません。走ったり、ものを投げたりして競うこともありません。

もっと言うと、日本舞踊に限らず、習い事そのものに優雅さは隠れているのかもしれません。

自分でお月謝を払って、時間をつくって、空間を貸していただいて、日常から切り離された世界を自分で創る。

こんなに優雅なことはないと思いませんか。

習い事をする醍醐味《だいごみ》は、お稽古の型を身につけることではないと思います。特に和のお稽古事は、身につけたところで現実に役に立つシーンはあまりありません。でも、その雰囲気の中に身を置くことは、きっと女性の魅力をアップさせてくれます。

社交ダンスに華道、茶道……。優雅さを身につけるには、自分が優雅だと感じる世界の門を叩いてみるのも手かもしれません。

蜜も、日本舞踊で教えていただいたたくさんのことを、グラビア撮影にも生かしております。

しゃべりすぎる女性はセクシーに見えません

蜜は、話すテンポがあまり速くありません。

話していると、よく間ができてしまいます。

生放送の時はさすがに間をつくらないよう、テンポを意識していますが、収録の場合は「後から編集してもらえる」と思って自然とゆっくり話してしまいます。

口数も多くありません。

以前、ＴＶ番組「ギルガメッシュＬＩＧＨＴ」にレギュラー出演していた時、共演している女の子たちはみんなトークができる子でした。

その時の蜜とマネージャーのＨさんの会話です。

蜜「私もしゃべったほうがいいですかね」

H「無理でしょ」
蜜「無理ですね」
H「無理なことはしなくていいよ」
蜜「そうですね。では、カメラに映ったほうがいいですかね」
H「九人もいるから無理でしょ」
蜜「無理ですね、見切れちゃいますね」
H「それでいいんじゃない」
蜜「映ったりしゃべったりしたら、ギャラ変わりますか」
H「あんまり変わらないんじゃない」
蜜「じゃ、いいですか」
H「いいんじゃない」

……ってHさん、ユルすぎです……。
たぶん蜜がいい具合に年をとっていたのが功を奏したんでしょう。
蜜だけ30代で、すぐ下の子が25歳か26歳。20代と30代の違いからか、しゃべらなくても映らなくても、そう不自然ではなかったのです。

なかには私と一回りも違う子がいて、当たり前のようにその子たちが場を盛り上げていくので、そこへ口を出すのは無理でしたし、無理に割り込んでいってもそれを見ている人がおもしろいかと考えたら、たぶんおもしろくないだろうという結論に達しました。

ある時、ふだんはスタジオですが、女の子九人でロケに行くことになりました。一人ひとり初ロケの意気込みを聞かれて、みんな「がんばりますっ！」といったことをかわいらしく言っていたのですが、私だけ「九人もいるので映らなくて当たり前です」と言ったら、カメラが二台用意されました。私がカメラの後ろをついて歩くものだから、その私を映すために後ろにカメラが一台追加されたのです。

しかし、私は振り向きもしないので、そのカメラは延々私の後頭部を映しているという……。

何が言いたいのかといいますと、**合コンなどで殿方にいい印象を与えたい**

と思うと、つい場を盛り上げる側に回りたくなりますが、殿方はそこでは女性としての魅力を判断しないということです。

無理して盛り上げたところで、あなたが〝盛り上げ役〟にしか見えないのであれば、逆に無理をせずに自分のペースを守ったほうがいいのです。

ただし、「つまらない」「私、こんなところになぜいるんだろう」という雰囲気を出すのは絶対にいけません。それはその場にいる者としての礼儀です。

「黙っていること」と、「つまらないと思っていること」は別のことです。

人は誰かがつまらなそうにしていることは敏感にキャッチします。

しゃべらなくてもいいので、話を熱心に聞いたり、タイミングよく何か質問したりすれば楽しそうな空気になります。

「しゃべる」ということに女性の価値はありません。

いっぱいしゃべる人にセクシーさは感じにくいでしょう。

明るくよくしゃべることと、主張をしっかり伝えることは違います。

また、同じ〝明るい人〟でも、相手との会話を楽しんでいる明るい人と、一方的に「私は、私は」と話す明るい人とでは相手の持つ印象は変わります。

気になる殿方の印象に残る方法は、一人ひとりみんな違います。

ですから「いい印象を持ってもらわなきゃ」「興味を持ってもらわなきゃ」というプレッシャーはあまり感じずに、自分らしく振る舞うことがいちばんです。


蜜は、飲み会で海老食べ放題の鍋が出て、二時間ずっとみんなの分の海老を剝《む》いて終わったことがあります。結果、参加者みんなに「海老を剝いていた子」という印象を強く残しました。

別の席では、隣に座っていた初対面の殿方の手についたソースを舐めたこともあります。ペロッと舐めたら、「わーっ」と驚いていました。蜜はそのままましれっとした顔でおりました。

初対面でインパクトを残したい時には、殿方に近づいて耳の後ろの匂いを嗅ぐということもすることがあります。かなりビックリされてしまいますが、印象には残ったのではないかと思います。

このように**「ちょっといたずらしてやろう」**という気持ちで臨むのがいい

かもしれません。

いきなりちゃぶ台をひっくり返したり暴れたりしなければ、嫌悪されることはありません。多少引かれるくらいは笑いのネタになったと思って気にしない。

他人にどう思われるかを気にするより、違う自分が出せることを楽しみたい。

飲み会ではちょっとしたいたずらを――蜜のおすすめです。

恥ずかしがると、殿方のテンションが上がります

ネイルも素敵だとは思いますが、蜜はむしろ手の動きで女性らしさを表したいと思っています。

ティーカップやマグカップを持つ時は、取っ手を持つのではなく両手で包み込むように持つと、やさしさが表現できるような気がします。

指も取っ手を握る場合と違ってスッと伸びるので、手がきれいに見えます。ただし、淹れたての場合は、「アチッ！」となってしまうこともあるのでご注意を。

おしゃべりしている時も、無意識のうちによく手を動かしているようです。手を動かさないと伝わらない気がするのでしょう。

言葉の意味がわからなくてもジェスチャーでなんとかなる場合もあるので、

聞いてほしい、伝えたいという気持ちが強くなればなるほど手が動いてしまいます。

あらゆる可能性を駆使して発信したいのです。また、**その一生懸命な気持ちが殿方にも伝わって、好感を持ってもらえるのかもしれません。**

逆に、あまり気がない人とお話ししている時は、あまり手は動きません。自分でも無意識なのですが、ふと動いていないことに気づいて、「私はこの方に興味がないんだな」と自分で思い知らされることがあります。

最近は、手で顔を覆い隠すことがよくあるのに気づきました。

以前撮影したDVD作品で、エンディングが私のNG集になっているものがありました。まるでジャッキー・チェンの映画のようですね（若い方はご存じないでしょうか……昔のジャッキー・チェンの映画ではエンドロールを流しながら背景でNG集を見せるという構成だったのです）。

その映像を見ると、途中で言い間違えたりした時「ああーっ」と顔を隠していました。

かっこいいことを言っている途中でト書きを読んでしまった時も「あああ

ーっ」。思い切り顔を隠していました。

恥ずかしくてついしてしまっていたようなのですが、映像を客観的に見ると、すごく「素」の感じが出ている気がいたしました。

女性の恥ずかしがる態度というのは、殿方にとって「先制パンチ」のようなものかもしれません。

しかも、普通はお話ししている時に自分の顔はあまり触らないですよね。特に女性はお化粧をしているから、あまりべたべた触らないと思います。そんな仕草が逆にいいと褒められました。新鮮だったようです。

こういうことは意識的にやってしまうとうるさくなると思われますが、貴女の人となりや思いを伝えるのは言葉だけではない、ということを念頭に置いておけば、自然と手にも表情が出てくるのではないかと思います。

そして、どんな仕草であれ、**時に恥ずかしがられると「素」を垣間見たような気になり、殿方のテンションが上がるのだと思われます。**

「隣に座る」から世界をつくれます

まだ彼と出会って間もない頃に二人きりの時、できれば横並びではなく対面に座りたいと思います。

バーなどで彼と横並びに座っておしゃべりしていると、彼も私も目の前に誰も見えないので深く自分の感覚に入ってしまって、話すスピードがつい速くなり、会話を聞き逃しやすくなってしまいます。

ただし、例外として横に座ったほうがいい場合もあります。それは、飲み会などで初対面の方が大勢いる場合。

よくある恋愛のハウツー本では、テーブルの角と角に座るといいと書かれていますが、角と角や対面だと、人はキャラクターを装いがちになります。**人の本質を見極めるなら、やはりいちばん近くに座ったほうがいい。**それはすなわち真横の席ということになります。

相手の表情の微妙な変化もよく見えますし、声も呼吸もよく聞こえるので相手の話すペースもつかみやすいでしょう。

また、横に座ると、なにかとお世話しやすいという利点もあります。

たとえば、お醤油を取ってあげたり、料理を取り分けてあげたり。蜜は「寒くない?」とまで何度もきいてしまいます。

何かこぼした時には二人で拭いたりして、共同作業をしながら二人の世界をつくることもできるのです。

ふと目を合わせて微笑みをかわせば、その殿方は飲み会においてあなたを強く意識するはずです。

たとえ好みの殿方の近くに座れないとしても、隣の殿方に好意を持ってもらえたら、それは自分にとっての栄養補給。それきり会わないとしても、蜜は**「潤いをいただけたいい時間であった」**ととらえます。

それに、蜜は基本的に殿方は甘やかしてもいいと思っているので、何くれとなくお世話をしてあげるのが快感なのです。

殿方もお世話されることは喜んでいらっしゃるようですので、いいことずくめです。

でも、つい自分の好みを優先して、以前シーザーサラダを取り分ける時、素敵な殿方に野菜をほとんど入れず、クルトンをたっぷり入れてさしあげたことがあります。

その結果、「嫌がらせ？」と言われてしまいました。

クルトン、おいしいと思ったのですが……愛情表現の間違いにはご注意ください。とはいっても、それをきっかけにその殿方とお話がはずんだので、あながち間違いではなかったのかもしれません。

「お金」以外のことは殿方を甘やかしてあげます

蜜は殿方に、**「してあげる」**タイプです。

日本舞踊のお稽古で、お姉さん方にずっとお世話してもらっていたことが影響しているのかもしれません。お稽古では、私よりも目下の人がいつまでたっても入ってきませんでした。

「私もお世話してあげたいのに……」とずっと思っていたのです。

お世話をしてもらうと、「それが当然」と慣れてしまう人もいるし、逆に「私も誰かにしてあげたい」と欠乏してしまう人がいるんでしょうね。蜜は後者のタイプです。

だから、殿方にはなんでもしてあげたいと思っています。

〝なんでもしてあげたい〟といっても、どこまでしてあげるべきかとお悩みの淑女の方もいらっしゃるでしょう。

してあげることは、時に「甘やかし」にもなり「傷つける」ことにもなります。

してあげすぎて、殿方が「それが当然」と思うようになり、果ては〝大きな赤ちゃん〟化してしまったら困ります。都合のいい女になって女性をひどく扱うようになってもいけません。

蜜も微調整がきかないところがありまして、端《はた》からみると「やりすぎ」のところがあるかもしれません。

でも、小手先で軽くいいなすことがとても苦手なのです。それに、いちいち「どこまでしてあげたらちょうどいいのか」と考えることも面倒です。

そこで、基本的に**「お金以外の面倒はみる」**と自分で決めました。

お金まで捧げてしまうと、恨んだり恨まれたり、悲しくなったりすることがある気がするのです。

もちろん、これは二人の関係や性格にもよると思いますので、お好みのところで線引きをなさればいいかと思います。ただし一度線を引いたら、それはしっかりルールとして守ること。

「なんでもやってあげるのよくないよ」「つけあがるよ」などとよく言われるのですが、お金の管理をしっかりして、時おりほかの殿方の影をチラつかせて危機感を煽《あお》っておけば、つけあがる殿方はいないと思います。

その際、実際に浮気はしなくても、「ほかの殿方の影をチラつかせる」というのがとても大切です。

第3章

言葉のお作法

殿方の「軽い嫉妬」は
恋愛のスパイスです。

殿方の質問にきちんと答える必要はありません

やはりミステリアスな女性は、殿方を惹きつけます。

ミステリアスとはどういうことかといいますと、実に単純です。**多くを語らない、ということです。**

自分のことをどんどん話していては、殿方の「もっと知りたい」という欲求が減退します。

「彼氏いるの？」と聞かれたら、

「なんでそんなこと聞くの？」と答える。

「どこに住んでいるの？」と聞かれたら、

「帰り送ってくれるの？」と答えるなど、**うまくかわしながら答えはさしあげません。**「もっと知りたい」という心をくすぐる会話を楽しめばいいのです。

蜜はいつも「とんち勝負」のようなつもりで、**意外性があり、なおかつドキッとさせるような返事を心がけています。**

殿方と二人きりでいる時、沈黙するとどうしていいかわからなくなり、「何かしゃべらなきゃ」と焦ってしまうことはありませんか？

でも、意外と殿方って沈黙を怖がっていないんですよ。むしろ、殿方は女性のこまごまとした話はあまり聞いていないんじゃないかという気すらします。

ですから、「何かしゃべらなきゃ」「盛り上げなきゃ」ということはまったく考えなくていいんです。

色気がないと悩んでいる方は、一分間笑顔をやめて黙ってみてください。

それくらいのことでも、殿方は「何を考えているんだろう？」と気になり、ミステリアスに感じるものです。

まだ知り合って日も浅いうちは、話の内容にも気をつけていただくといいかと思います。

蜜は、彼が知らない話、自分にだけ起こった話、彼が会ったことのない友だちの話、彼が感じたことのない話は極力しないようにしています。そういう話題は、たとえ話したとしても、殿方は想像できずにシャットアウトしてしまうでしょう。「これは言う必要ないかも」と思う話は、しないほうがいいと思うようになりました。

では、何を話すべきか。

その殿方に関することで思っていることを話せばいいのです。

たとえば、お仕事の話。「いまお仕事たいへん？」と、蜜は積極的に聞くようにしています。

「この前、あなたに似たような人を見かけてね。まさかここにいるとは思わないから、絶対に人違いってわかってるんだけど、目で追っちゃったんだよね」といったことも話します。

殿方は貴女と世間話をしたいのではなく、「あなたのことが知りたい」「あなたに興味がある」という情報を聞きたいのです。直截《ちょくせつ》な表現でなくても、それを意識してお話しすれば、きっと殿方は貴女と話す時間を心地いいと思うようになるでしょう。

先ほど「殿方が知らない話はしない」と書きましたが、**女性の秘密の世界の話は別です。**

「昨日、ネイルに行ってね。ネイルしてもらってる間、何してるか知ってる？　もし両手のネイルが乾いてなかったら、トイレにどうやって行くと思う？」

このように殿方が知らない世界のことでも、二人でおもしろさを共有できれば話がはずむと思います。

先日は、殿方にパンティライナーとナプキンの違いについてお話しいたしました。どうしてこんな話をしてるんだろうと自分で疑問に思いつつ、その方が「どうしても」とおっしゃるので、厚さ大きさの違いから、目的の違い、使い方の詳細に至るまでたっぷりお話しして差し上げました。

その殿方が非常にキラキラした目で熱心にお話を聞いてくださったのが、印象的でした。

下ネタは直截に表現しないほうが想像させます

日本舞踊は縦の社会。挨拶と御辞儀の繰り返しです。

稽古場に行くと、まず「おはようございます」。

稽古が終われば、「また来週」「お気をつけて」。

「お疲れさまでした」や「ご苦労さまでした」は目上の人に対してはタブーです。

そして、誰に対しても深々と御辞儀。

目上の人に対する言葉遣いや振る舞い方の基礎は、ここで培《つちか》われました。

また、学校の影響も少なからずあります。蜜は小学校から大学までずっと女子校でした。

校則がとても厳しく何かにつけて縛りの多かった学校で、紙袋を持って行くにも、「紙袋使用許可書」なるものが必要でした。

男女の交際はおおっぴらには許可されていませんでしたし、友だち同士で帰りに寄り道もしてはいけません。用事があってどうしてもどこかへ立ち寄らなければならない時は、「立ち寄り許可書」が必要でした。完全に昔の「出島状態」でしたね。私たちはポルトガル人ですか、と。

学校には上級生・下級生という縦割りの組織が伝統的にありまして、掃除やボランティア活動をしたり、学園祭などの行事で制作をしたり、さまざまな機会に行動を共にする班が編成されていました。先輩に対してはもちろん敬語。学校の行事の中に自然と敬語を使う状況が織り込まれているようなものです。

こうして日本舞踊と学校で、縦社会の礼儀とありがたさとやさしさが、しみ入るように身についたのだと思います。

今でも**殿方には、基本的に敬語を使っております。**

明らかに年下とわかっている方の場合は、相手が緊張せぬよう、あえて敬語を控えることはあります。

ただ、ふだんはフランクに話していても、要所要所で「おはようございます」「お気をつけて」「お疲れさまです」という言葉はかけるようにしています。

年上の方には敬語がメインです。**どんなに親しくなってもです。**

それと、蜜が言葉遣いで気をつけていることのひとつに「直截な言葉を使わない」ということがあります。

たとえば**エッチなことを言う時も、なるべく文学的な表現を心がけております。**テレビでもインタビューでもそうです。

といいますのも、エッチな言葉をそのまま言ってもつまらないと思うのです。ありきたりの言葉はおそらくカットされてしまうというテレビの事情もありますし、それならば、なるべくおもしろく、文学的に語ったほうがいいのではないかと思っております。

その際には、耽美《たんび》派の小説や漫画を参考にしております。官能小説も大好きです。女性器や男性器を言い表すのに数行を割くような文学が好きです。

SMの香りを漂わせる谷崎潤一郎の作品や、濃厚な表現の団鬼六の作品も好き。軽々しくないエロスの表現を求めて、日夜研究しております。

これも、制約の多い女子校生活の中で培われたものかもしれません。

表向きは規則を守りながら、イマジネーションの世界では自由に振る舞う。この密やかな愉しみは何物にも代えがたい。

もし、思春期に自由奔放《ほんぽう》に振る舞うことが許されていたら、内に秘めた世界を持つことはなかったかもしれません。そう思うと規則……**縛られるということの後々まで影響する「豊かさ」を感じてしまいます。**

「初めて」より「二回目」のほうが心を揺さぶります

以前お付き合いしている彼とキスをしている時、「今日初めてのキスだね」と言われたので、

「ううん、あなたで二人目」

と答えたら驚かれました。

その時はドラマの撮影でキスをした後でした。そう告げると、「そんなシーンあるの？」とさらにびっくり。

「それだけじゃないよ」

と教えてあげたら、怒って帰っちゃいました。

蜜は撮影でいろんなことをしています。

よく「女の嫉妬は怖い」と言われますが、実は**殿方も嫉妬深いものだと思います。**

恋愛において、激しい嫉妬の炎を燃やして刃傷沙汰《にんじょうざた》になっては困りますが(〝困ります〟というレベルではありませんが)、軽〜い嫉妬ならばちょっとしたスパイスと考えます。

たとえば、殿方からプレゼントをいただいた時。

「わあ、今までもらったプレゼントの中で二番目にうれしい!」

こう言うと、たいてい「え、それどういうこと?」となるでしょう。

みなさんは大好きな殿方の前で「今まででいちばんうれしい」とか「こういうの初めて」といった言葉を連発していませんか?

確かにそう言うと、殿方は喜びますよね。

でも、**十回のうち一、二回くらい、「二番目」にして少し心配させると、追いかけていらっしゃいます。**

「どうして二番なの?」と聞かれた時は、

「いちばんうれしかったのは、初恋の人からもらった思い出。思い出はいつまでたっても思い出だから、一生勝てないんだ」

といった説明をすると、とても悔しそうになさいます。

殿方は、「思い通りにならないもの」こそ、追いかけてしまう生き物。その

ツボをくすぐって差し上げることは決して意地悪ではなく、二人の幸せのた

めには喜ばれることだと思います。

「お箸いただけますか？」はアピールになります

イタリアンやフレンチ、洋食屋さんなどで、あえて「お箸ください」と頼むことがあります。“**ちょっと変わってる子**”**というものに、興味が湧く殿方もいらっしゃるようで……**。

本来、セットされているカトラリー以外にお箸を頼むのは、言ってみればKYな行為。しかし、それは「おいしく食べたいからこそ」とも言えます。

「ごめんね、ナイフとフォークだと落ち着いて食べられないんだ、慣れてるお箸のほうがおいしく食べられると思うの」

と、ちゃんと説明すれば、好感度は下がるどころか、むしろ、**「食事を本当に楽しもうとしてくれているんだな」という気持ちが伝わって、好感度がアップするようです。**

また、まわりの雰囲気に流されない、「自分」を持ってる女性だとアピールもできると思います。合理主義的なところも見せられて、いい意味で芯の強い女性と思われるでしょう。

使い慣れていないものを慣れない雰囲気のもとで食べるというのは、どうしても気を遣います。**蜜は、目の前の殿方のお話に集中したいと思うので、少々マナー違反でもこうするのです。**

きっと気合いを入れてこの店を選んだものの、少し緊張気味だった殿方も、女性の気取らない態度を見れば、気持ちがほぐれるのではないでしょうか？

こうした、**少しまわり道した言葉でアピールすると、殿方は強く印象に残るようです。**さまざまなシーンでバリエーションが考えられると思いますので、ぜひお試しいただけましたら幸いです。

ただし、色々な殿方に聞くんですけど、「マイ箸」は若干ひくそうです。地球にやさしくてとてもいいことなのですが、デートではどこか徹底しすぎ、気合いが入りすぎと受け取られるようです。

食後に、使用したお箸をカバンにしまう姿もちょっと美しいとは感じにくいですね。

職場の人と食べるふだんのランチに「マイ箸」はおすすめですが、デート初期では避けたほうがよろしいようです。

殿方の「アイドル論」で女性の好みがわかります

蜜の場合は初対面の殿方を前にしても、どんどん下ネタを言ってしまいます。

でも、淑女のみなさまは真似なさらないでくださいね。気になる方の前でいきなりセックスの話題はたいへん危険です。

その理由は単純です。

殿方は「自分がお膳立てしてあげる世界」が好きだからです。

よっぽどのドMさんでない限り、女性がつくり上げた世界に喜んで入っていく殿方はいないでしょう。

殿方というのは、**なんでも自分が見つけて、自分が第一発見者になりたい生き物なのでしょう。**

しかし最近、いわゆる草食男子なるものが出現し、その傾向が薄れてきています。「自分がお膳立てしなきゃイヤ」というタイプは中高年の殿方に多く、20代前半～30代前半くらいの殿方は受け身の姿勢です。

女性を見れば積極的に口説く、「諸星あたる」のような、あるいは「島耕作」や「冴羽獠《さえばりょう》」のような殿方は過去の姿。今は気になる女性と出会っても電話番号すら聞けないという事態がしばしば発生しています。

女性は女性で「王子様を待っていたい」という願望から抜け出せません。殿方は殿方で、お姫様が現れるのを待っています。

お互い待っている状態からなかなか前に進まない。**現代は、非常に恋愛がしにくい社会になっているのです。**

そんな世の中で、男女はどのような会話をすればいいのでしょうか。

肉食化した女性がいきなり欲望をむきだしにすると、おとなしい草食の殿方から引かれる危険性が高いので得策ではありません。

まずは、その方のパーソナリティーをやんわりと探るような話題に持っていくことが無難です。

たとえば、一緒に飲みに行ってお酒をよく飲まれるようでしたら、「お酒強いね」から始まり、「いつもどんなところで飲んでるの？」「いつもビールなの？」といった会話につなげていく。すると、彼がどんな場所をテリトリーとし、どんな雰囲気を好むのか、どんなお金の使い方をするのかが、おぼろげながらもイメージできます。

彼がアクセサリーを身につけているようならば、「シルバーが好きなの？」といった会話から始めることもできます。最初は無難でいいのです。

それから、蜜が気になる方に必ず聞く質問はコレです。

「最近なにか感動したことあった？」

この答えによって、その方の感情の波がわかります。

「感動した」って、意外と殿方は日常的には使わない言葉なのですね。蜜もOL経験があるのでわかりますが、普通にお勤めをしていると、刺激的なことやドラマチックなことはそうそうありません。

でも、恋愛してお付き合いすることは、ひとつの刺激です。その刺激に対して、彼がどんな反応をするのか、探ってみたいのです。

「特にないなあ」「わからないなあ」という返答であれば、この方はぼんやりしている人なのか、刺激が足りない人なのかもしれない、いつも受け身のタイプなのかも、なんてことを考えます。

一方、感動したことを具体的にしっかりと答えられる方は、おそらく何かこだわりを持っている方、あるいは大きな夢や憧れを持っている方……そんな分析ができます。

一方的に質問するだけでなく、もし相手が詰まってしまった時のために、自分も何か感動したストーリーを持っておくといいですね。貴女は最近、何に感動しましたか？　考えてみるとけっこうおもしろいですよ。

「休みの日は何してる？」という質問もよくします。これは、彼女がいるかどうかを探ることができます。

「何人家族？」も漠然とした質問ですが、結婚しているか、実家暮らしか、一人暮らしかなどがなんとなくわかります。

「彼女いるの？」「結婚してるの？」なんてダイレクトな質問は無粋ですし、いるとわかったところで自分の気持ちをどうするか？　これが決められない時にはこちらの反応も困りますから、**ある程度ぼんやりした質問のほうがいいと思います。**

また、蜜は時々「学生時代に好きだったアイドルは？」という質問もすることがあります。これで、青春をささげた女性像がわかるかも……。

歴代の彼女であった女性とそのアイドルが共通している部分をリサーチすると、**時代トークをしつつも、その方の女性の好みがわかるような気がいたします。**

「コンプレックス」も伝え方しだいで魅力にできます

自分のダメなところや弱い部分、コンプレックスは、誰もがなるべく隠したいと思うもの。しかし、お付き合いが深まれば深まるほど、隠し通すことは難しくなります。

それなら、**自分からさらけ出してしまうのも手です。**

蜜は、ずっと「お尻」が大きいことがコンプレックスでした。

でも、それをグラビアでさらけ出したところ、思いがけずたくさんの殿方から評価をいただき驚きました。今ではこのお尻があっての壇蜜となっております。

「はじめに」にも書きましたが、全体的なプロポーションにしても、蜜はモデルさんのような八頭身ではありません。

でも、それでいいと思っています。だからこそ、グラビアを見た殿方が身近に感じてくださり、妄想と股間を膨らませてくださっているのだと思っております。モデルさんの写真を見てひとりエッチするより妄想しやすいでしょうし。

みなさんも、自分では嫌だな、劣っているなと思い込んでいることをさらけ出してみたら、**意外と殿方から見れば興奮するポイントだった**、ということがあるかもしれません。

さらけ出す時には、エピソード付きで打ち明けるといいですよ。

たとえば、手の肌荒れ。

「見て、このささくれ。今日ね、すごく気になって、洗面台を一生懸命掃除して漂白剤をがんばってかけたんだよ。気になっちゃってしょうがなくて、一時間くらいやってた。そしたら肌が負けちゃってね……」

がんばった結果の肌荒れですから、殿方はキュンとすると思います。しかも、掃除好きという家庭的な一面まで伝えられます。

「恥ずかしいんだけど、二の腕、なんかプニプニしてるよね。触ってみる？」

なんて**触らせてしまうのもいいですね。**

「恥ずかしいんだけど、お尻をよく見られるんだよね」

「恥ずかしいんだけど、ムチムチしてるねって妙な目で見られるんだよね」

と、あくまで自分は恥ずかしくて隠したいんだけど……というスタンスで打ち明けるのが殿方にはポイントのようです。

女性の身体は殿方にとって神秘的なもの。

どんな情報であれ、**身体の秘密をこっそり教えて差し上げると、殿方は確実にドキッとするはずです。**

ほかの殿方の欠点をくすぐると目の前の殿方がクスリとします

やさしい殿方には少しくらい愚痴を聞いてほしい……そう思う女性は多いと思います。しかし、あいにく殿方は、女性の話を三割も聞いていないといいます。

「ねえ、聞いてる？」

「ああ、聞いてるよ」

「ねえ、どう思う？」

「何が？」

「だからぁ、さっきのこと」

「ええと、なんだっけ？」

このような不毛な会話の繰り返しになることは目に見えております。

これでは、溜まったストレスを発散するどころか、溜まる一方になるでしょう。

ムダだから絶対に愚痴らないほうがいい、とは申しません。話を聞いてほしいと思うのは自然な気持ちです。

ただ、愚痴りたいなら**「十分だけ愚痴らせて」と、短時間で簡潔にまとめて、パッと発散してやめたほうが、相手の方にも自分のためにもいいように思われます。**

世の殿方のほとんどは、「自分が社会で戦っている」ということを誇りに思っております。だから、女性たちの愚痴など、はっきり言うとどうでもいいことなのです。

ただしひとつだけ例外があります。

ほかの殿方に対する愚痴です。

これは聞きます。

むしろちょっと喜びます。

「バイト先に新しく入った後輩ったらね、いつも『俺がやります、俺がやります』ってなんでもかんでもやる気満々でさ、いざ頼むとすぐテンパっちゃって。まさに若いコって感じね。やっぱりあなたとは全然違うな。あなたは頼もしいから、私もつい頼りたくなっちゃう」

この例文には、ポイントが二つあります。

一つは、先ほど申しましたように「私はあなたを頼りにしていますよ」ということを全面的にアピールしていること。

もう一つは、ほかの殿方を引き合いに出して、彼を褒めているということです。

つまり、婉曲《えんきょく》に評価している。これが、重要なポイントです。

「あなたと違って、あの人はまだ若いから頼りにならない」

「あの人は頭がカタくて困る、あなたとは全然違うね」

単純な話ですが、**殿方という生き物にとって、まわりの男性はみんな敵です。**だから、敵のネガティブな面には興味があるのです。

それに、**貴女がほかの殿方の話をするということは、それだけふだん近くに殿方がいるということでもあります。**

彼が知らない場所での貴女は、知らない男たちに囲まれ、貴女はその男たちに頼ろうとしている。そのことに、軽い嫉妬を覚えるはずです。しかも、その男たちが貴女を狙っているとしたら……どうなるかおわかりいただけますね。

だからたまに、こんなことを言うのです。

「いくら誘っても飲みに行かない、って言ってるのにしつこいから、もう『彼がいる』って言っちゃっていい？　本当はいろいろ気遣われるの嫌だから内緒にしたかったけど、もう『彼氏いる』って言うね」

こうして**ちょっとした嫉妬心を煽るのです。**

殿方の軽い嫉妬は、恋愛のスパイスです。

「不安なの」で殿方は簡単に操縦できます

ファッションは殿方の好みを考えてどんなふうにでも変えられる蜜ですが、絶対に譲れないものがあります。それは香水です。

これだけは、つけないと生きていけないんです。

香水が嫌いという殿方とは……たぶんお付き合いできないかもしれません。

自分がどうしても譲れないものに対して、殿方から「やめて」と言われたらどうしましょうか。

「香りは私にとって下着のようなもの。つけてないと不安なんだ」

「昔からの習慣でやめられないの。ごめんね」

と、まずは「あなたの気持ちもよくわかるんだけど」と受け止めた上で、**「どうしてもこうしないと不安なの、ごめんね」**と頼むのが蜜のやり方です。

ここまでお願いして、「嫌だ」と拒否する殿方はほとんどいません。

また、互いに意見をすりあわせて、相手も参加できるような方法を考えるのもいいでしょう。

たとえば、彼と一緒に香水を選びに行ってみる。

彼も自分が好きな香りなら、そこまで強く反対しないはずです。「あなた色に染まる」ということのアピールにもなるので、逆に喜んでくれるかもしれません。

殿方は清潔感がある香りが好きなのでしょうね。せっけん、ピーチ、マリン……いつの時代もベーシックなものが支持されています。

香りは記憶に深く残るものなので、その点から言ってもふたりで選ぶのはとてもいいアイデアだと思います。

他にも、**美容院へ行く前に「髪、これくらい切ろうと思うんだけどどう思う?」などと質問することがあります。**彼女の髪型を決めるのは彼氏の特権だと蜜は考えているからです。

殿方はとにかく色々な意味で「立てる」が基本です。

自分の意見を押し付けるのではなく「相手を立てる」。「女性の要求は基本的に聞いてあげたい」「器の大きな男でいたい」というのが殿方のスタンスですから、ちゃんと立てて説明すれば、納得してこちらの希望をかなえてくれると思います。

その上でうまく動いていただければいいと考えております。

友人を巻きこむと、殿方は女性の扱いが丁寧になります

ゆるんでしまった殿方の気を引き締めたい時、自分の意見として注意するのではなく、**第三者に意見として語らせるとうまくいきます。**

たとえば、やさしくしてほしいのにしてくれない時、人ごみの中で手をつないでほしいのにつないでくれない時、仕事で遅くなるのに連絡くれない時に、「やさしくしてよ」「手をつないでよ」「電話してよ」と直接要求を伝えるより、

「同僚に話したら、みんな私のことかわいそうって言ってたよ」

「遅くまでずっと待ってるの、しんどくない？　って言われたよ」

と言ったほうが効果的です。**あくまで深刻でない感じがポイントです。**

殿方はとてもプライドが高く、いつも「自分の評価を下げたくない」と考

えています。それをうまく利用して、ちょっとした揺さぶりをかけることで、殿方はこちらを邪険に扱えなくなります。

彼が蜜と間違えてほかの誰かにメールを送ってしまった、一緒にいる時に隠していたエッチなＤＶＤが見つかってしまった、などかわいらしいドジをしてしまった時も、「明日、このこと職場の人に話しちゃおう」とちょっぴりイジワルを言って楽しむことがあります。

付き合っていると二人でいることに慣れてきてしまって、だんだん気を遣わなくなったり無遠慮になったりすることが多々あります。

しかし、「職場の人に話しちゃおう」と言うことで、彼は自分の評価を気にするようになるでしょう。

よそはよそ、うちはうち、といった家族のような関係になるのは女性にとって損。殿方は体面を気にする生き物ですから、ほかの女性の目を通して自分がどう見られているか、実に気にしているのです。だからこそ、「職場の人」「友だち」など第三者の目を加えることが、ふたりの関係においてピリッとした刺激になると思います。

蜜は12月3日生まれなので、誕生日とクリスマスの間があまりありません。プレゼントを一緒にするわけにもいかないし、かといって同じステイタスでプレゼントをするには出費がしんどいし……という微妙な時期です。だからといって、手抜き感があったら寂しい。そんな時、

「友だちにあなたからもらったプレゼントの話をしたら、みんなが笑うんだよね、そんなにおかしいかな」

などとチクリとすることを言うと、彼は急に慌てるものです。

「最近、慣れてきて扱いが変わってきたかも……」と思ったら、この方法をぜひお試しください。

女の嫉妬は百害あって一利なしです

悲しいお知らせがあります。

浮気性は治りません。

たとえ一度痛い目にあって懲りたとしても、いずれまたほかの女性に目がいってしまうことでしょう。

蜜もお付き合いしていた方に浮気されたことがあります。

明白な証拠を発見したのは一、二回ほど。見つけた時は怒りましたが、その後もずっと監視し続けるといったことはいたしませんでした。

お付き合い程度なら、キャバクラやクラブに行くことについて、文句を言わないほうがいいと思います。これは仕方がないです。

「ちょっと寂しいけどお付き合いならしょうがないよね。お尻なでちゃだめだよ」

と言うくらいですませます。

ただし、**「私は寂しいと思っている」**ということはしっかり伝えます。

男女の関係において、殿方が軽く嫉妬する分には刺激となってうまくいくこともありますが、**女性が嫉妬して殿方を束縛してもいい結果にはならない、**というのが蜜の考えです。

携帯電話をチェックしたり、頻繁に電話やメールを入れたり、「どこに行ってたの？」と問いつめれば問いつめるほど、殿方は逃げ道を探すものです。**女性の嫉妬は止まることがありません。**

疑いだしたらきりがなく、四六時中猜疑《さいぎ》心にかられ、結局息苦しくなって別れてしまうことになるでしょう。

蜜がもし結婚して旦那さんに怪しい点を見出したら、きっとその方に愛情以外の何か（お金、家など）を求めて自分を納得させるか、あるいはしばらくして見切りをつけて、ほかの可能性を試してしまうかもしれません。

恐らく、後者の確率のほうが高いでしょうね。

冷たい人には、**「私のこと、どう思っているの？」**という質問をしてはいけません。

蜜の場合は「私がここにいる理由わかる？」と聞きます。

なにかしらの答えが返ってくれば、まだ少しそこにいるかもしれませんが、答えられなければ、追うことをやめてしまってもいいと思います。

大学時代に付き合っていた彼は、連絡をあまりくれない人でした。音信不通で浮気をしているかもわからず、一、二週間は平気でほったらかされることがありました。

いつ会えるかわからない人をじっと待っているのが苦しく、振り回されてばかりで悩んでいた時にアルバイト先の先輩がやさしくしてくれて、寄り添ってしまいました。休眠状態のような恋人よりも、三日に一度は会える先輩に甘えてしまったのです。

先輩は、蜜に彼氏がいることを知っていました。その上で、「きみが寂しい時、一緒にいてあげるよ」と言ってくれた。本命の彼は、もともと蜜に関心がなかったのか、まったく気づきませんでした。

でも、そんな関係のまま何カ月かたち、両方ともお別れしました。やっぱり先輩に対する感情は愛情とも違ったし、だからといって彼をずっと待ち続けるのも辛くて、心を戻す気持ちになれませんでした。それならいっそ両方に見切りをつけ、ひとりになったほうが自分として潔いなと。

お別れはやはり寂しいし、ひとりになることは不安です。

でも、**結婚ではなく自由恋愛している身だからこそできるやり直し。**嫉妬に苦しむようなら、思い切って新たなスタートを切るのもいいと思います。

涙は女性の立場を弱くします

蜜は、殿方のことはすべて大らかに受け入れる姿勢です。

受け入れるということは、母性愛を醸し出すことにもなります。**母性愛は、どこかでエロスともつながっているような気がするのです。**

仕事の愚痴をひたすら聞くこともあります。

殿方の愚痴に対して女性が下手にコメントをすると、「おまえはわかってない」と怒り出しかねません。そうすると後々面倒なことになりますので、よほどのことがない限りはただ黙って聞いて、「働いている男の人って素敵」「働いている男の人こそかっこいいと思う」と褒めてあげるようにしています。

もちろん、腹が立つこともあります。

でも、ケンカはしません。

多少意見のすれ違いやもめることはあっても、**派手なケンカをしていいことはない**と思っております。

言いたいことがあれば手紙に書きます。

「あなたにあんなこと言われちゃったら悲しくなるけど、もしちゃんと説明してくれたら、私は安心してあなたのことをもっと好きになれる」

というようなことを書きます。不満をぶつけるために書くわけではないので、文章のトーンに気をつけて。

直接言うよりも手紙のほうが冷静に考えを整理して書けます。

そして、最後に必ず、

「長い文を読ませてごめんね、好きだよ」

とフォローの言葉も忘れずに。

女性がどなったり泣いたりすればするほど、自分の価値は下がります。よくなることはありません。

だって泣いている女性を目の前にしたら、殿方はなだめることしかできないでしょう。本音で話そうという気はなくなります。

「泣くからもう何も話したくない」とすら言われてしまうこともあります。

ふたりの関係が対等ではなくなってしまうのです。

だから、泣くのは極力控えたほうがいい。

「そういうこと言うと、泣いちゃうよ」「そういうことされると傷つくよ」と、文章で伝えたほうがいい。

「昨日すごく泣いちゃったよ」と、泣いた事実は見せずに、経緯《けいい》を伝えたほうがいい。

そのほうが相手もハッとするはずです。

第4章

ベッドのお作法

盛り上がった時には
ギュッと力を入れて触ります。

最初のセックスは博打です

「付き合ってください」といった類いの告白は、ほとんどいたしません。

告白しなくても、**「一緒にいたい」という気持ちを伝えることが大切**と考えております。ですから、好きであることはなんとなく伝えます。たとえば、

「○○さんみたいな人、好き」

と目をみつめて言います。

「どうして？」と聞かれた時、「男性なのにいばってないし、つい頼っちゃえるところ」など、**相手の長所を説明できる**ようにしておきます。

または、その方にやさしくしてもらった時などに、**「好きになっちゃうよ」**とつぶやいたりもします。

どちらも押しつけがましくなく好意を伝えることができて、相手に何かを要求しているわけでもありません。

まずはそのようにして、**ぼんやりと一緒にいる状態**になればいいのです。「私たちは恋人同士であるか否か」なんてことは、後々確認すればいい。

俗にいう、友だち以上恋人未満。宙ぶらりんの状態。

ここで、体が絡んだとしてもかまいません。蜜は自分が「そろそろいいかな」と思ったところで寝てしまいます。それに対して我が身を「尻が軽い」とか「安売りした」なんて思ったことは、いまだかつて一度もありません。

もちろん「簡単に体を許すなんてとんでもない！」という考えの方もいらっしゃると思います。けれども、**「セックスもコミュニケーションのひとつ」と自分自身が納得していれば、安売りにもヤラレ損にもなりません。**

とりあえずぶつかってみるんです、ドーンと。

むしろ、**慎重になっていただきたいのは、一回寝た後です。**

この時にこそ、また会えるかどうか、この関係が続くか終わるか、ふたりの気分が高まるかどうかが大きく左右されます。

ある意味博打です。

殿方も、今後どうするか手探りの状態だと思われますから、ここで女性側が一方的に「付き合って」というプレッシャーをグイグイかけてしまうと、「重い」と思われて去られてしまうかもしれません。

蜜の場合は、

「私はすごくよかった、これからも一緒にいたくなっちゃった」

「こんなにいいなんて、すごくびっくりした」

と**一夜の感想を素直に申し上げます。その上で、今後の行方は相手に委《ゆだ》ねるのです。**

博打ですから、負ける可能性、すなわちワンナイトラブで終わってしまうことも、残念ながらありえます。

しかし、たとえそうだったとしても、自分もその方と一晩大いに楽しみ、快楽を得たのだから、文句は言いっこなしの気持ちで……。

「このままで終わりたくない」と引きずってしまう気持ちや、「自分の価値を下げたくない」というプライドが捨てきれない場合もあるかもしれませんが、失敗したら潔く諦めましょう。そうでないと次に進めません。

むしろ一回寝たことで、失敗なら失敗とはっきり自覚できてよかったと思いましょう。その覚悟が決まれば、吉と出ても凶と出ても悔いることはありません。

恥ずかしながら、蜜も博打に負けたことがございます。

互いに仕事がものすごく忙しい時期で、相手が海外出張に行ってしまって時間がとれず、会えなくなってしまいました。焦っても焦っても時間が許してくれない。何カ月もそんな状態が続いて、「ああ、これはだめだな」と悟り、早々に手をひきました。

仕事に阻《はば》まれるとは思いもよらず心底悔しかったけれども、仮に付き合えたとしてもこんなに会えない日々が続くなら精神的に無理だと悟りました。

でも、まったく悔んでいません。

恋愛とは、執着心との闘いです。

追いすがって足にしがみついて、「行かないで、別れたくない」と懇願《こんがん》してなんとかなることは、蜜の経験から考えて**まずありません。**

この博打をスマートに乗り切れば、自分の自信につながります。

みなさまは、赤い糸を信じますか。

蜜は、赤い糸の先っちょは、誰ともつながっていないと思っております。

好きになりはじめの頃は、「私には彼しかいない」「運命の出会いだと感じたから、逃したくない」と感じてしまうもの。しかし、運命の出会いだとわかるのは、付き合ってだいぶたってからだと思っています。

自分が愛し、また自分を愛してくれる人とともに時を重ね、ふたりで赤い糸を結ぶ。いかに固く結ぶことができるか、それは貴女と彼次第。愛が深まれば、結び目はちょっとやそっとではほどけない強固なものになるでしょう。

運命はつくるもの。「運命の人」は結果論にすぎません。

出会って間もない相手のことを「運命の人」なんて呼んでこだわりすぎては、大切なものを見失います。

世の中の半分は殿方なのですよ。

ハグする時には背中にも手を添えて

殿方とハグをする時、自分から抱きつくというよりも、「包む」「くるむ」という感覚でするようにしております。「抱きしめてあげるよ」と、すべてを受け入れる感じです。

ポイントは、殿方の背中にしっかりと手を回すこと。力を強く入れる必要はありませんが、前は身体を密着させ、背中も温かい手で包まれたら、殿方はふだんされていない分、とても意外に感じてくれるそうです。

通常のハグで密着するのは前だけですからね。きっと幼い頃にママがしてくれたような安心感、懐かしさにつながって、心がホッとするのではないかと思います。

殿方は外では甘えたくても甘えられない生き物。不安な時も恐い時も、ひとりで耐えていらっしゃるはずです。「そんなあなたをわかっているよ」というつもりで抱きしめてあげることは、きっと**言葉以上に気持ちを伝えるメッセージになる**のではないでしょうか。

以前、社交ダンスをほんのちょっと……三年ほど習っていたのですが、社交ダンスの基本は、殿方が女性を引き寄せるのではなく、迎え入れてリードをするという話を聞きました。リードする時は、何があっても女性を守るという心づもりでいるのだそうです。

女性はそれを信頼して身をまかせます。殿方のリードには逆らわない。それができて踊り手として合格なのだそうです。

そう考えると、その逆もあっていいいんじゃないかなと思うんです。

女性である私が殿方を迎え入れてもいいいんじゃないかなって。

蜜も**恋人に思いっきり甘えたい時もありますが、それは殿方もきっと同じ。**

女性からやさしく迎え入れられたらうれしいはずです。

あと一手を待っているという状態では、それが女性からのＯＫサインになることもあるでしょう。

時には「あなたを許す」というサインだったり、「あなたのことをわかってる」というサインだったり。

そういう思いを込めたら、自然と抱きしめ方もやさしくなりますね。こんな些細な行為でも、コミュニケーションにつなげていけるものです。

なかなか誘わない殿方の口説き方

自分から誘うこと、あります。

お互い「あと一手」を待っているような状況だと感じた時、

「すごくしてみたいんだけど、してみたいのは変なのかな」

と聞きます。

そうすると殿方は「えっ」と驚きます。

ポイントは、「『したい』と思ってしまう私はおかしいの?」と疑問を投げかけるところです。

このフレーズには、

◉私が迷って悩んでいるということ

◉それをあえてあなたに言ってしまって恥ずかしいということ

◉あなたはどう思うか意見が聞きたいということ

以上の三つの意味が含まれています。

このほうが一方通行ではなく、**一緒にこの問題に対して取り組み、解決しようとしている気がする**ので、蜜は好きです。

もし、彼が「俺はまだそういうのは……」とお断りしてきたら、

「私ちょっと先走りすぎてたのかな」

「酔っちゃってたのかな」

「やさしいから勘違いしちゃったのかも」

と、ソフトランディングが可能です。二度と会えない恥ずかしい感じにもなりません。

「〜かなあ」「〜なんじゃないかと思う?」「〜の私ってヘンかな」といった**疑問文にすることで、決定打の回避になります。**

「好き」を伝えるような大事な時に疑問文を乱発してはいけませんが、こうした場合には使ってもいいのではないでしょうか。

昔からよくある手は「電車がなくなっちゃった……」ですが、これだと殿方が「ホテル寄っていこうか」と言い出さねばなりませんよね。それはやはり殿方といえども恥ずかしいのではないかと思うんです。それに、ベタなやりとりすぎてスマートな感じにもできません。

やはり、「お互いに一緒に考えよう」というスタイルのほうが親切ではないかな、と。

とはいっても、蜜は年下の殿方の場合、逆に脅《おど》したこともあります。「終電はもうないぞ、どうする？」って。

さて、その後どうなったでしょうか？

初ベッドではスイッチを二つ持ちます

ベッドの上で最も気をつけなければいけないこと。蜜にとってそれは、パンツをなくさないということです。せっかくはいた日に、よくなくしそうになります。

行為のうえで気をつけることといえば、**スイッチを「攻め」と「受け」の二種類持つ**ということでしょうか。

自分から攻めていいのか、受け身になって殿方にリードをまかせたほうがいいのか、初めてではけっこう迷うところです。

蜜は、**まず受け身になってみて様子を見ます。**

そして、その後のペースがあまりにゆるやかな場合や、殿方のほうが「何かしてほしい」的な雰囲気を漂わせていたら、自分からじわじわ攻めてみる、という方法をとります。

まずは受け身スタートですが、受け、攻め、どちらかとしっかり決めてしまうのではなく、どちらの可能性もあるつもりで、臨機応変にスイッチを切り替えるのです。ふたりが気持ちよくなることを優先したいからです。

そのため、もちろん初めてのお相手であっても、攻めになることもあります。

それが積極的すぎてひかれる原因になったらどうしようと心配なさる淑女の方もいらっしゃるでしょう。でも、はっきり申しまして、それで**ダメな時はダメなのだと思います。**

男と女、身体の相性は確実にあるでしょう。

「ちょっと違うかも」という程度であれば、回を重ねて互いが努力すれば改善の余地はありますが、著しくリズムが合わない、著しく何も感じない、してほしいこと・してほしいタイミングが自分の許容範囲内におさまってないという場合は、今後もよくなる可能性はほとんどありません。

つまり、相性のバロメーターが最初10あれば、その後20、30になることはありえますが、0だったら10になることはないのです。

そして、それは一回セックスすればなんとなくわかります。

逆に言えば、一回はしてみないと相性がいいか悪いかはわかりません。

ですから、ベッドの上が一大イベントだと思わないようにしましょう。

コミュニケーションの一環として、合えば万歳、合わなければそういうものと気持ちを切り替えられるようにしたほうが、傷つかないですみます。

ベッドに行くまではそこそこその方を気に入っていたわけですから、「お試しできた」こと自体はよかったと思いましょう。

性格の相性が合わないのと同じくらい、身体の相性が合わないことなんて誰にでもあること。深く思い悩む必要はありません。

ずっとこの形で二人の関係が続くことを想定して、**したことを重く受け止めすぎず、冷静に自分の幸せを優先して判断したほうがよいと考えております。**

マッサージは「ツボ」より「言葉」がポイントです

殿方には、マッサージをよくします。マッサージされて嫌がる殿方はあまりいらっしゃらないと思います。

その時、**「すごい凝ってるね」**と言うと「やっぱりね」とちょっとうれしそうです。

整体師さんも、「今週診たお客さんの中でいちばん凝ってますね」とお客さまに言うと、みなさま喜ぶのだそうです。**マッサージの時は、あえてマイナスなことを言う、これがポイントとのこと。**

それを聞いてから、蜜は必ずやさしく身体を触りながら、その上で、「本当にがんばるね」「お疲れさまだね」とねぎらいの言葉もかけます。

マッサージするとは、つまりそういうことだと思います。「がんばっている」ということを認めてあげる。「あなたを気遣っている」と伝えてあげる。そういったやさしさやねぎらいの気持ちも含めて、マッサージなのでしょう。

反対に、殿方が蜜にマッサージをしてくれる時は、**ちょっとのことでも「痛い」と言ってしまいます。**そうすると、「ごめん、ごめん」と言いながら殿方は触る加減を考えてくれるので、**タッチの回数が増える**んですよ。**気遣いも増えます。**

さらに、「やっぱり男の人は力が強いんだね」と言うと、やさしくしようと努めてくれます。

マッサージに限らず、タッチが少し乱暴だったり、強引だったりした時は、**「男の人ってそうなんだね」と〝男性性〟を強調する**と、やんわり注意できますし、次からは気を遣ってくれます。

ただし、セックスの最中だけは、「痛い」「嫌」というマイナスワードは絶対に言いません。

殿方はとてもデリケート。そういった言葉にはたいへん傷つきます。

「もう少し〝そっと〟がいいな」

「やさしくしてね」

など、どうしてほしいか希望を伝えたほうがいいですね。

色々と注文をつけた後に、

「私のセックスはわがままなんだけど、満たしてくれてすごくうれしい」

「今までこんなに感じたことないよ」

と感謝を伝えましょう。

マッサージもセックスも、ねぎらいの言葉は忘れずに。

また、褒める時や何かを要求する時も、

「男の人は頼りになる」

「やっぱり男の人は豪快なんだね」

と、**殿方としての自尊心を保たせるような言葉は、やはりうれしいようです。**

「傷痕」を触ると殿方は燃えてくれます

殿方へのボディタッチ、します。すごくします。

それも、いきなりです。

たとえば、「爪、短いんだね」と言っていきなり手を握る。距離が一気に縮まります。

また、手や腕、顔など見えるところに傷痕がある場合は、傷痕にそっと触ることもあります。

女性の場合は傷痕を話題にするのはいけませんが、**殿方は過去の傷を自慢したがっているものです。**「名誉の負傷」とは、殿方のための言葉、傷痕に武勇伝を持っていることが多いのです。

ですから、「すごいね」「たいへんだったんだね」「今はまじめそうに見えるけど、昔はやんちゃな時期があったんだね」などと言いながら触ったり、思い出話を聞いたりすると、たいへん喜ばれます。

また、傷の話題になった時に、「すごいね」「怖いよ」と驚いたり怖がってみせながら、さりげなく肩から腕にかけてタッチ。

アクセサリーや腕時計を見せてもらうのを口実に、「すごい、それ珍しいよね。触ってもいい？」と手に触れるという方法もあります。

持ち物や傷痕には、他人に話したい「俺ヒストリー」が隠されているので、触りながら話を展開させていくと、自然にボディタッチに進むこともできると思います。

セックスの時に盛り上がったらギュッと力を入れて触るのも一つ。「あなたがよくてせっぱつまっちゃった」というアピールにもなります。

セックスに不満を抱えていては関係は続きません

相手の方さえよろしければ、蜜はすべてを舐めてさしあげたいと思っています。

お風呂も一緒に入りたいと思います。

若かった頃はホテルに入ったとたん、急かすようにそのまま……ということが多々ありましたが、大人になるとまずお風呂で一緒にリラックスしたいと思うようになりました。

そこで互いにボディタッチをするだけでも、とても充実した気持ちになれます。三十路を過ぎてそれだけ余裕が出てきたのかもしれません。殿方にも余裕をお持ちになっていただきたく存じます。

また、ベッドの上では、どんなことであっても**「したいことを言った者勝ち」**だと思っています。

「一緒にお風呂に入りたい」もそうですが、灯りを消してほしい淑女のみなさまも多いことでしょう。

明るいほうが興奮するという殿方もいらっしゃるかもしれませんが、「明るいままだと恥ずかしいから」と説明して、そこは互いに譲り合いたいですよね。

セックスは、言った者勝ち・アンド・譲り合い。

愛し合っているふたりなら、自分の要求を伝えたことが原因でケンカになることはまずないと思います。

「コンドームをつけて」というのも、淑女の口からはなかなか言い出しづらいかもしれません。「そこで流れが止まってしまい、しらけてしまったらどうしよう」という不安を抱く方もいらっしゃるでしょう。そんな時は、女性がコンドームを持参してつけてあげるのが、お互いのためです。

女性が持っていると、〝慣れた人〟と思われてしまう恐れがありますが、ちょっと高級なタイプなら「今日、たまたま珍しいのを見つけたから買っちゃったんだ」と言い逃れができるかもしれません。

避妊については、本来は殿方が気を遣うことがいちばんですが、もしそういう素振りがなければ、女性から申し出るのは自分の身体を守るため当然の権利です。本来はそれで盛り下がることはありませんし、ましてやつけてあげると言えばかえって殿方も喜ぶと思いますよ。

もし、女性からしてほしいことを言ってもしてくれない殿方であれば、ダラダラ関係を続けずにさっさと見切りをつけたほうがいいと思います。

とかく女性は、一回セックスをすると、彼に関するすべてのことに目をつむってしまうところがあるような気がします。

してほしいことを「して」と言える関係か、してほしくないことを「ノー」と言える関係か、冷静になって判断しましょう。

互いの擦り合わせがうまくいかなければ、この先ずっと彼と一緒にいることは難しい。セックスに不満を抱えたまま、円満に交際を続けているカップルはまず見たことがありません。こうしたことで我慢はしないでくださいね。

ひとりエッチはほどほどに楽しみましょう

殿方も女性も、ひとりエッチのしすぎはよくない気がいたします。

ひとりで毎日のようにしていると、自分のイキ方にこだわりが出てしまい、相手のセックスに対して採点が厳しくなってしまいます。

やがて自分でするほうが気持ちよくなってしまって、だんだんイケなくなってしまうことも。そうした殿方の話はよく聞きます。女性も同じです。

強さも速度も人によって違うはずの動き方を、自分ですべてコントロールできるわけですから、相手の動きに満足できなくなるのもわかりますよね。

ひとりエッチとふたりでするセックスの境目がなくなって、**快楽追求になってしまうのです。**

ひとりエッチは、回数より質。たまに、大人のおもちゃにトライすることも、自分の新たな「気持ちいいポイント」を発見するためにいいかもしれませんが、回数は控えたほうがいいかと。**ある程度、ふたりでセックスすることに飢えていないと、恋人との関係は深められません。**

蜜は、「イッたふり」はできるだけしたくないと思っております。

振り返ってみれば、20代の頃よりも30代になってからのほうが、より自分の気持ちいいポイントがわかるようになってきました。これからも、もっともっと開発の余地があると思っております。

また、身体だけでなく、相手に対する思いやりや気遣いも、経験値が上がるとグッと深みを増しますよね。

セックスとは二人の究極のコミュニケーションですから、精神的なものも抜きには語れません。心も身体も満たしてこその気持ちよさです。**ひとりエッチでは、心の快楽は得られません。**

相手を喜ばせたい気持ちでサービスに従事すれば、いつのまにか夢中になって、自分の身体的コンプレックスなどもすべて忘れ、自分に必死で応じてくれる相手を見てまた没頭する……。

だから蜜は、ひとりで色々と研究して自分のオーガズムを感じるよりも、殿方の喜んでいる姿を見て自分も喜びを感じます。そして、ひとりエッチはそこそこに楽しんで、愛する方とのセックスはその二倍楽しみたいと思っています。

マンネリは関係を深めるチャンスです

決まった相手と決まったところで、お決まりのセックス……。

そうした**マンネリを手っとり早く解消する方法は、場所を変えることです。**

自宅ですとそれだけで安心感につながりますから、ラブホテルなどのほうが盛り上がりますね。旅行に行くのもいいでしょう。

セクシーなランジェリーは、意外と殿方は興味がないようです。下着を変えたからといって、興奮度が増すということはあまりありませんでした。

むしろ、ふだんのニットにノーブラで「お帰りなさい」と迎えたほうが喜びますよ。

ご自身の好みとしてセクシーランジェリーを着てみたいなら、彼と一緒に買いに行くことをおすすめします。アダルトグッズショップなら、ランジェリーのほかに色々なおもちゃも販売されているので、新しい扉を開くきっかけにもなります。

アダルトビデオ（AV）もおすすめです。

蜜もたまに見ます。二人でも見ますし、一人で見ることもあります。

AVと一口に申しましても、実にさまざまなジャンルがあります。

女性目線で見ると、正直申しまして「こんな女性はたぶんいないよ～」です。

AVの中の女性が〝普通の女性〟だと殿方に思われたら困ります。それくらい現実の女性とはギャップがあるような気がいたします。

AVは、ある意味ファンタジー。女性は「これは殿方のファンタジーだ」と心得て、異世界の話として鑑賞するといいでしょう。

その上で、自分にできそうな要素だけを抽出して、**殿方のドリームを雰囲気だけでも叶えてあげればいいのではないでしょうか。**

また、**AVは殿方の心理を知るのにとても参考になります。**人によって見方がけっこう違うものです。

女優と男優がセックスを始める前にドラマの部分があるのですが、そこは早送りで飛ばしてしまう殿方もいれば、じっくり見る殿方もいます。

じっくり見る方は、セックスもじっくりが好きなのかな、飛ばしてしまう方はどちらかというと強引なほうが好きなのかな……とその人のセックスの好みがわかるように思えます。

ジャンルにもその方のセックスに対する意識が表れますね。たとえば、セックスせずに殿方が触られたりいたずらされるだけの「痴女系」が好きな殿方は、もしかしたらセックスにストレスを抱えているのかもしれません。あるいは、そういうことをしてほしいという隠れた願望があるのかも……。

AVに抵抗がある淑女の方もいらっしゃるかもしれませんが、まずは嫌がらず、一緒に見てみるとハッと気づかされることもありますよ。

蜜がAVから学んだことは、「眼鏡は最後まではずさなくていい」ということです。蜜はプライベートでは眼鏡っ娘です（「娘」などという字を使ってすみません……）。

マンネリは、前述のようなことで簡単に解消できます。

展開が予想できるから「マンネリ」というのであって、予想できないことをすればいい。それだけです。

しかし、考え方によっては、マンネリはたいへん幸せなことです。それだけ安定した穏やかなセックスができる関係をふたりが築けたということですから。

なかなか安定した関係が築けず危うい恋愛をしている人は、逆にマンネリと感じられるくらいの関係を求めているはず。

マンネリを「つまらない」「刺激がない」「退屈」と捉えるのではなく、幸福だととらえるようにするのも、心理的なマンネリ解消法かもしれません。

そう思うと、ふと相手にやさしくなったりして、またひとつ関係を深めていけるように思います。

セックスフレンドは「綺麗な幕引き」ができるなら

蜜は、基本的には一人の方と長くお付き合いするタイプです。**そのほうがセックスも深めていくことができるように思います。**いちばん長くお付き合いした方は、17歳年上でした。

しかし、大人になってくるにつれて、意識が少しずつ変わってきました。身体だけの関係――すなわちセックスフレンドのようなドライな関係もアリだと割り切って考えるようになってきたんです。

考えが変わってきたのは20代後半くらい。ちょうど葬儀の仕事などで忙しい時期でした。

最初は、そんなふうに考えてしまう自分に、軽い自己嫌悪を覚えました。本当にこれでいいのだろうか、と。

しかし、めまぐるしく忙しい毎日を過ごす中で、時おり気心の知れた殿方と肌と肌を重ねることで少しでも心が軽くなり、身体も安らぐのであれば、それは悪いことではないのではないかと思うんです。

もちろん、それは互いにそういう関係であると納得した上での話です。

ただし、万一もめ事が起きた場合、たとえばどちらかが恋愛感情を抱くようになって苦しい思いをしたり、ケンカになったりした場合は、必ずその代償は自分で受け、潔く対処しなければならないという覚悟はあります。

今は、性的な欲望を超えたＳＭの関係に興味があります。

ご主人様と奴隷の関係には、恋人ともセックスフレンドとも違う、お互いの均衡が保たれる何かがあるように思うんです。

私が初主演した映画『私の奴隷になりなさい』の主人公・香奈も、夫がいる身で「先生」と関係を結ぶのですが、先生はあくまでご主人様であり、愛人ではありませんし、セックスフレンドでもありません。

そして香奈は、その関係を結ぶことにより自分が美しく成長していくことを肯定しています。蜜は、彼女の気持ちがよくわかります。

先生はたまたま香奈の人生を変えることができた殿方であり、香奈にとってそれは先生でなくてもよかった。

そんなふたりの関係に憧れがあります。

ＳＭは枠の中で役割の決まった世界です。**人は本来枠の中でこそ自由になれるのかもしれません。**

「ふたりだけのセックス」をつくりあげるには

蜜は、殿方の要求にはできる限り応えるようにしています。ＳＭも、針を使うなどよほど痛いものでなければ、基本的には応じるようにしています。ですから、殿方もそういう欲求を隠さずに正直に言ってくださることは、とてもうれしく感じます。

以前お付き合いしたＳＭ好きの方とは、色々なことをしました。手錠や縄はもちろん、夏にノーブラで外に出かけたり、全裸で助手席に乗ってドライブしたり。

しかし、彼の束縛が次第に強くなり、徹底的に管理、監視されることに疑問を感じるようになりました。奴隷になりきれませんでしたね。結局お別れしました。

また別の方は、ずっとそんな素振りは見せていなかったのですが、ある日たまたま車のトランクを開けたら縄がいっぱい出てきたということがありました。

驚きました。縛りたいなら縛りたいと、もっと早く言ってほしかったです。コスプレもOKです。ただ、殿方から「これ着て、これ着て」と即物的に命じられるよりは、**「これが似合うと思う」「この姿を一度見てみたい」**とお願いされたほうが興奮度は高いです。

「この制服が好き」なのではなく、**「この制服を着ているきみが好き」**と言われたほうが、やっぱり女性はうれしいですよね。

「髪を局部に巻いて」とお願いされたこともあります。当時、蜜は茶髪で今ほど長くはなかったので、「長さ足りるかな……」と思いつつ巻き巻きしてさしあげました。

それで興奮するなんて変わった趣味だなとは思いますが、何で興奮するかは十人十色。セックスの形もカップルの数だけあります。前述しましたように、よほど強烈なバイオレンスでない限り拒否はしたくないんです。

せっかく心を開いて密やかな欲望を見せてくれたのに、「そんなの変だ

よ」「嫌だ」と拒否してしまうのは、相手の存在を否定してしまうのと同じこと。悲しいですよね。こういうことはお互い様だと思います。

ですから、局部巻き巻きの方には蜜からもお願いしました。

「私の目の前でおしっこをして」

と。バスルームでしていただきました。蜜は、殿方がおしっこをしているところを見るのが好きなのです。

「これをやったら引かれるかも……」「自分は変わってるのかな」という心配は、たぶんお互いが思っていることだと思います。我慢しないで少しずつお願いしてみて、**ふたりだけのセックスの形をつくりあげていけばいいんじゃないでしょうか。**

SMは、「サービス」と「満足」です。

これは、大学の時に同級生と話している中で出てきた理論です。

「S＝してあげる」と「M＝もっと」と置き換えることもできます。「もっと」って欲張りですよね。

蜜はSの素質もMの素質もありますが、どちらかというとMを装ったサービス側です。

多くは蜜がMのほうがうまくいくケースが多かったのですが、甘えん坊の彼なら母親のようなSで攻めます。

SMにおいて主導権を握るのは、本当はMだと思います。女王様の育成をする時に行われる「女王様研修」でも、必ずM女から始めるのだそうです。

何をすればどうなるのか、どのくらいの加減だと痛いのか、痕が残るのか、すべてわかっているのはMですから。Mの欲望に合わせて、女王様はサービスをしてあげているのです。

SMは、そのカップルによってプレイも関係性もさまざまです。

ふたりの絆が深まり、それをふたりがSMと呼ぶのであれば、それはSMであって、他の人が批判したり押し付けたりするものではないと思います。

誰のことも気にしないで、ふたりだけのSMを楽しんでいただければと願っています。

「重たい」と「セクシー」は紙一重の差です

セックスは回数を競うものではありません。

たくさんセックスをすればきれいになれるなんてこともありません。

それよりも、**余韻が残るセックスをすると、きれいになれる気がします。**

昨晩の彼の仕草、言葉、香り、肌の質感。そういったものを思い返すだけでも、女性に〝憂《うれ》い〟が出てくると思います。その〝憂い〟をまとうことで、雰囲気はより美しく淫靡《いんび》になる。

せっかく好きな人とセックスするなら、長く余韻が残るようにしたい。一瞬一瞬を身体に記憶させていくようなつもりで臨んだほうが、回数を気にするよりもずっといいと思います。

だから、遠距離恋愛だったり忙しかったりして一カ月、二カ月ぶりのセックスだったとしても、「やっと会えたね」と互いが深く慈しみ合い愛し合えば、「毎週とりあえず……」とぞんざいな気持ちでセックスするよりずっといい。セックスは、**数より質です。**

余韻は記憶だけでなく、痕跡《こんせき》で残す人もいます。たとえば、噛んだ痕はわかりやすい余韻ですよね。その人の使ったタオルやシャツなども余韻。

その場に彼がいなくても、その存在を感じられるものを手元に置いて一晩過ごすのも素敵です。

セックスどころか恋愛経験そのものが少ないという方もいらっしゃるでしょう。でも、恋愛も回数が問題ではありません。

極端に言えば、一回でも記憶に残る恋愛をして、その記憶が自分の心をひりひりさせるのであれば、貴女はきっととてもセクシーな魅力をお持ちだと思います。

せつない気持ちがセクシーをつくるんです。

「たくさん恋愛をエンジョイしてます！」という雰囲気の女性は、セクシーとは言わないんじゃないかと。

恋愛経験が少ないと、殿方から「重たい女だ」と思われるのではないかと危惧する方もいらっしゃるようですね。

でも、**「重たさ」と「セクシーさ」は、すごく近しいものだと思います。**

ただし、相手に「セクシーさ」ではなく「重たさ」を感じさせてしまう場合は、たぶん相手のことしか見えず、なにも手につかない状態の時。

「セクシー」は、相手のことを思いながらも、ふだんは仕事をしたり友人とおしゃべりしたりして、**恋愛以外にも自分の居場所がある状態だと思います。**

恋はふたりだけの秘め事。

昨晩は胸がキュッと痛むようなことをしていた自分も、朝起きたら何事もなかったかのように電車に乗って会社に向かう。そして、何食わぬ顔で仕事をして、淫《みだ》らなことも一切匂わせない。

でも、その太ももにはかすかな、彼が残した痕がある。

誰にも気づかれない場所にあるその痕を見ると、また胸がキュッとなる。

自分と彼しか知らない秘密。**人にいえない秘密をひとつでも持つと、世界が少し変わって見え、表情にも奥行きが出るはずです。**

第5章

心のお作法

自分の魅力のポイントを絞り込むのが
大人の女性のあり方です。

「年齢」と「女性の魅力」は比例しないと思います

場所によって、求められる女性の年齢や雰囲気は、異なります。

たとえば、バスガイドさんは若いほうがいいのだそうです。美しくてガイド技術に長《た》けたベテランの方よりも、容姿は普通でも若くてピチピチ感のあるガイドさんのほうが、修学旅行の生徒さんや団体旅行の乗客からは喜ばれるそうです。

ところが、会社の受付の女性は、キャピキャピしている方はあまりいません。適度に落ち着きのある方のほうが、信頼感、安心感を与えるとされます。

では、グラビア界はどうでしょうか。

うちの祖母は、一時大腸がんでかなり危険な状態でしたが、蜜が29歳でグラビアデビューすると聞いた時、

「貴女、それはかなり危ないよ」

と申しておりました。

病床の祖母に逆に心配される29歳……。

年齢を重ねてからのデビューは、「たぶん嫌われるだろうな」と思っておりました。特に「殿方よりも女性に嫌われるだろう」という覚悟はしていました。


そもそもグラビアの世界にいること自体、女性から嫌われるものです。**自分の意中の彼が紙の上の、二次元の世界を見てハァハァしているのは許せないですよね。**自分よりも一次元少ないのですから。異次元の敵。

百歩譲って、それが自分よりも若くてキャピキャピしているアイドル系のタレントなら「仕方ない」と思えるかもしれません。しかし、29歳なわけです。

でも、それでいいと思ってました。支持が少しずつ集まってくるにつれて、「たとえ地球上のすべての女性に嫌われたとしても、私のグラビアでひとりエッチをして『明日もがんばろう』と思える殿方が一人でもいるならば、それでいい」と思えるようになりました。

「私はこれしかできない」「この場でしか生きられない」とわかっていたのです。

思えば、昔から女性に好かれにくかったかも……。

葬儀社では、マスクをして眼鏡をかけて、すっぴんで裏方の仕事をしていましたが、「色目をつかってる」「誰かの愛人じゃないか」と、いつも変な噂が広まりました。営業の殿方からジロジロ見られたり、それでまた女性からイヤミを言われたりすることもありました。

どんな格好で何をやっても嫌われてしまう。

ここで嫌な思いをするなら、いっそそれを仕事にしてみたらどうだろうか。日の目を見ない世界で一生懸命がんばっているのに嫌なことを言われるなら、ライトを浴びて言われたほうが傷つかない。それを売りにして悪く言われるなら本望だ。

そう考えました。

つまり、結論として申し上げたいのは、**女性は美人か美人じゃないかが問題ではないですし、若いか若くないかが問題でもないということです。**

自分に合っている場や人を引き寄せることができるかどうか。同じ波長を持つ人を多く集められるかどうかなのです。

蜜のグラビアを雑誌に掲載するかどうかは、雑誌を作っている方が決定します。作っている方が蜜をいいと思えば載せる、いいと思わなければ載せない、それだけです。

基準は、美人か、若いか、ではないのです。

そのことに気づいてから、自分磨きと呼ばれるもの、すなわち芸能界においては、何かあった時のためのお芝居や歌の練習や、グラビア以外の隠し芸を身につけることは、やめようと思いました。

だって、他の分野に手を伸ばしてがんばっても、それはグラビアが掲載されるかどうかには直接関係ないのですから。それで掲載されなかったら、悲しいじゃないですか。あれだけワークショップいったのに、お金かけてレッスンしたのに……って。

それよりもグラビア一本にしぼって、自分ができる最大限の露出で勝負したほうが得策なのではないか。

「歌も演技もがんばってる。でもTバックにはならない」という子より、「よくわからないけどTバックできてエロい」という者がいたら、グラビアではそちらが選ばれるはずだと。

グラビアしかできない。

だから、蜜は歌も歌えませんし、踊りも踊れません。

事務所も、これまで一度も演技をやったほうがいい、歌をやったほうがいいと提案しなかったんですよ（最初から「グラビアしかできない」と見抜かれていたのかもしれませんけどね）。

自分の魅力のポイントを理解して絞り込むというのも、年齢を重ねた女性だからこそできる大切なことかと思います。

「エッチな妄想」で楽しんでいると、殿方から連絡がくるものです

妄想をよくしています。野菜を見るとついこんなことを考えてしまいます。

ああ、ちょうどいい太さだわ、反り具合も美しいわ、このまま咥《くわ》えてしまいたいわ、今が食べごろだわ……。

野菜売り場は危険です。

ほかにも色々な妄想をします。エッチでないこともありますし、エッチな方向に行くこともあります。

たとえば……。

以前、二段ベッドの上段に物を置いて下段に寝ていたのですが、「もし上に誰かいたら……」とよく考えました。自分の生活のすべてを知らない人に見られていたらどうしよう。

自分が仕事に出かけた後、その人が部屋で悠々とくつろいでいたらどうしよう。

床下収納のほかにもう一つ、ガス管などをチェックするための穴が開いているんですが、この蓋を開けて誰か入っていたらどうしよう。

あるいは、コンビニの店員さんのレジ台より上の見えるところは普通の制服だけど、下はどうなってるんだろう。

妄想の題材はいくらでもあります。

ふだん当たり前のように見過ごしていることを、当たり前だと考えないようにしているのです。

蜜は電車で移動することも多いのですが、先日、目の前に座っていたスマホを見ているカップルを観察していたところ、二人が二人ともそろって画面がバリバリに割れていました。

一体彼らに何があったのか、どうして二人して割れているのか……。考え出したら楽しくて、笑いをこらえるのに必死でした。

毎日普通に電車に乗って、普通に道を歩いている人たちほどおかしなことってありません。**普通がいちばんおもしろい。**

電車の中で痴漢に遭うことはないのですが、とても絡まれやすい体質なのも悩みの種でありつつ、おもしろいポイントです。酔っぱらいが絡みたくなる物質を毛穴から出しているらしく、「危ないな～」と思うと必ずといっていいほど「ネエチャン、ネエチャン」と声をかけられたり、コートのフードをいきなりつかまれたりします。

対処法は特にありません。無視です、無視。フードをつかまれていて苦しいんですけど、がんばって素通りいたします。

世の中当たり前のことなど何もありません。いつもおもしろくってたまりません。

お付き合いしている殿方が冷たい時、**きっと彼のことを考えていても連絡はきません。**でも、こうした**妄想を頭の中で膨らませていれば、いつのまにか着信音が鳴る。**そんなものだと思います。

「他に代わりのいない女」になるのが目標です

恐れ多いのですが、大先輩であるインリン・オブ・ジョイトイさんと比較されることがけっこうあります。

デビュー当時はしょっちゅう聞かれました。「インリンさんと何が違うんですか」と。グラビア関係者の方に聞かれたこともありますし、ブログの読者の方のコメントやTwitterでも見かけました。

言われてから考えるようになりました。

これまでエロスアイコンといえば、アグネス・ラムさん、杉本彩さん、インリンさん、リア・ディゾンさん……と日本人離れした迫力バディの方がたくさんいらっしゃいました。顔立ちも彫りが深くてエキゾチックです。

日本人はなぜエキゾチックな美女をエロスアイコンとして崇《あが》めるのか。

それは、ないものねだりなのでしょう。根底には、異国に対する憧れ、コンプレックスがあると思われます。

一方、蜜は顔も体型も典型的な日本人です。**なんとなくどこかで見たことのあるような国産女です。**

国産だと自ずと刺激が薄れてしまいます。刺激が薄くてもエロは成り立つのか、自分でも未知数でした。

ただ、結論としてとにかく「こういう撮影はダメ」と一切言わず、色々やる、ギリギリまで露出することにいたしました。

そして、エロス＝刺激だけでなく、壇蜜は刺激6：安心4。刺激のパーセンテージを下げ、殿方にハァハァしつつ安心していただきたいという思いで脱いだり着たりしております。

グラビア界には徒弟《とてい》制度はありません。みな一代で築いて終わる文化です。壇蜜も一人で出てきて、一人で生きています。

孤独ですね。本当に孤独。

幸いなことに、グラビアアイドル同士は、足の引っ張り合いのようなものはありません。

蜜が20代前半だったら、競争率が激しいので互いに切磋琢磨しなくてはいけなかったかもしれませんが、この点ばかりは**「年とっててよかったな」**と思っています。

10代、20代のグラビアアイドルの方とファン層がまったく違うことがいちばんの強みです。

蜜を応援してくださる方の中にはティーンもいますが、40代、50代、もうすぐ還暦という方も多くいらっしゃいます。20代、30代といった真ん中の層は、すっぽり抜けてしまった極端な年齢構成になっています。もしかしたら20代、30代の方は、AKB48にいっちゃっているのかもしれません。

ティーンにはおおっぴらに「壇蜜が好き」とは言ってもらえないでしょうね。「ほしのあきさんが好き」というのと「壇蜜が好き」というのは大きな違いがあります。「壇蜜が好き」と言ったら、学校で妙な目で見られそうでこちらも申し訳ない。

若いアイドルがうらやましいこともちろんあります。浜辺で走ってDVDが出せてしまうんですから。

一方こちらは「海で撮影したい」と言ったら、東映のオープニングみたいなところに連れていかれて、魚の死体が転がっている岩場で台湾の軍隊の人に監視されながら撮影と相成りました。

「ビーチで相撲をするとか、パラソルの下でジュースを飲むとか、私には無理なんです……」なんて言うのもネタのひとつになっています。

「チヤホヤされない」ということを自覚しているからいいのかもしれません。「なぜ私だけ……」といじけることがなく、**違う土俵に目を向けることができました。**

29歳でチヤホヤされるわけがない。病床の祖母はいい援護射撃でしたね。

おもしろいことが好きという自分の性格も、助けになっています。

「パンツ脱いで、股開いて座って、トマトジュース入りのワイングラスで股間を隠して……」と言われても、蜜は本当にやってきました。

普通はやらないですよね。見たことあります？　股間にトマトジュース。なんでもおもしろいと感じるのは、天から恵まれた才能だと自負しております。

売り方が他のグラビアアイドルとまったく違うと自覚しているから、仕事のストレスもあまりありません。

しかし蜜も恋愛においてはストレスを感じることがあります。それは、**「この人、私じゃなくてもいいのかな」**と思った時です。

そう思い続けながら一緒にいるのは、やはり辛いです。

彼が「君じゃないとダメ」と思ってくれる状況をつくること。これは幸せな恋をする上でもっとも大切なことかもしれません。

どこにも代わりのない自分でいるために、蜜はあえて**「憧れの人」をつくらないようにしています。**「○○さんみたいになりたいんです」という言葉は、自分の可能性を狭めてしまいます。

よくインタビューで聞かれるんです。「憧れてる人はいますか」と。いつ

も答えに詰まって考えたあげく、

「ソフィー・マルソーさんですね」

と人種を変えてみたり、

「ガチャピンですね。彼はなんでもできますからね」

と品種を変えてみたり。

そこは負けん気が強いのかもしれないですね。

キャッキャッしてるカワイイ子になれないなら、いっそなれないコトをネタにするぐらいのほうが好きですし、もっともっと自分も変わっていけると思っております。

「出し惜しみ」しても女の価値は上がりません

撮影では、蜜はすべてをさらけ出しています。身体のどこもかしこも。

仕事のスタッフはみな一つの作品をつくる〝チーム〟として捉えているので、裸体を見せることに抵抗はありません。

「私の身体でどうやって遊びますか？」

という気持ちです。

そして、撮影したものが紙の上に載っても、ＤＶＤになっても、それに対して抵抗はありません。それは、〝私〟ではなく、〝壇蜜〟という作品ですから。

「さあ、私の身体でハァハァするがいい」

という気持ちです。

女性は、殿方に見られて変わるもの。

「あの人、私のことジロジロ見てる……」ということがあっても、身の危険がなければ光栄なことだととらえていいでしょう。

「胸ばかり見てくる……」と思っても、胸を触ってこなければいいではありませんか。**見られることは、自分のキレイの素になるものです。**

職場の部長が脚ばかり見てきたら、それは私の脚をより引き締めるボランティアをしてくれたと思って、ありがたく見られておきましょう。見られるのが嫌な殿方相手ならば、ズボンをはけばいいのです。

褒め言葉も同様です。

褒められたら素直に受け取ったほうがいいと思います。

「とんでもない、とんでもない」と過剰に謙遜すると、そこで話が終わってしまいます。

殿方としては扱いにくくなってしまいますよね。そもそも、おしゃれしてきたのに「とんでもない、褒めないで」というのは言動が矛盾していますし。

褒められて恥ずかしくてどういう反応をしていいかわからないのであれば、それをそのまま伝えればいいのです。

「めったにそういうこと言われないから、うれしい」

「褒められるの慣れてないから、どんな顔していいかわからないよ」

「恥ずかしいけど、この服買ってよかった」

と。そのほうがかわいらしいと思います。

もしくは、相手が同年代か年下であれば、

「ありがとう、でも褒めても何もでないよ」

「何が飲みたいんだい、おごってあげるよ、好きなボタンを押しなさい」

と、ちょっと悪ぶった返答もアリですね。悪ぶりつつも、**「褒められてうれしい」「ありがとう」という気持ちはしっかり伝えることがポイントです。**


返答に最も迷うのは、褒められているのか貶《けな》されているのかわからない時ではないでしょうか……。

「今日、どうしたの!?」

どうしたのって言われても……。「どうしたの、キレイでびっくり」という意味か、「どうしたの、ヘンだよ」という意味なのか……。

そういう時は、**ちょっと人のせいにするといいですよ。**

「この服、母親が買ってきちゃってさ」

「店員さんが絶対これがいいってすすめるからさ」

そこで、「ステキね」と褒められたら「ありがとう、お礼言っておく」で丸くおさまります。

「ヘンだよ」と言われたら、「私もそう思ったんだけどね、これ流行みたいでさ」と思いっきり人のせいにしてしまえばいいのです。その場に本人はいないのですから心で謝る。

「どうしたの?」と言われて、「えっ、何が何が?」と動揺するよりは、スマートな対応だと思います。

殿方を立てつつ、女性が人生を楽しむ方法はたくさんあるはずです

小学校から大学まで女子校に通っておりました。

蜜はひとりっ子なので、殿方の免疫がほとんどない中で育ったことになります。

蜜は女性にも魅力を感じます。でも、それは女子校の影響とは言えないような気がします。女性に好意を寄せてしまう女性は共学出身者にもいますよ。ただ、女子校だから女性にも興味があるようになったのではありませんが、女子校だから女の子がいいと思う自分を抑圧する必要はなかった、と言えるかもしれません。個性と環境がマッチしていたんでしょうね。

母校では、学校全体として「社会に役立つ女性になること」を目標として掲げていました。明言されたわけではありませんが、**「女性はしたたかに、**

社会を生き抜いていかなければならない」ということを、なんとなく意識してきたと思います。

女性が社会に出ると、21世紀になった今でもたいへんなことが多いと思います。生徒たちもみな薄々「社会に出るのはたいへんそう」と感じとっていました。

しかし、「女性は損である」とは思いません。

考え方しだいですよね。

基本的には良妻賢母を目指す学校でしたから、調理実習や家政実習など、女性が身につけたほうがいいとされる授業には力が入っていました。

その一方で、**結婚してからも働き続けたり、環境が変わってもやりたいことができるような技能を身につけたほうが得だというメッセージを感じとりました。**高校の時には幼稚園で一日先生をする授業などもありました。

表立って「男女平等」を叫ぶのではなく、女性は女性の特性を生かして社会の荒波を越えていける方法があると思うのです。面と向かって「平等」を叫べば殿方からの反発も強くなりますし、殿方を「立て」つつも、女性が人生を楽しむ方法はたくさんあると思います。

蜜も大学で英語教員免許、専門学校で調理師免許を取得し、不安定な社会にあっても自分の力で生き抜いていきたいという思いがありました。

20代の頃にはお見合い話がありましたが、蜜の場合は、結婚がゴールだとはどうしても思えませんでした。

色々な職業を転々として、自分らしい生き方を模索してきましたが、今、蜜はようやく居場所を見つけたと思っています。

写真は「きれいに撮る」のではなく、「違う一面を見せるため」に撮ります

公式ブログ「黒髪の白拍子。」はすべて自分で書いてます。

最近、銅像と話すのがマイブーム。このあいだは菊池寛とお話をしました。「やだもぅ、カンちゃんたら」と。カンちゃんは「いやホントに。これココアシガレットだって」とおっしゃっておりました。

前も後ろもTバックをはいてる女が、菊池寛としゃべってるなんて、「どうしたんだろう、この人」と思われてしまうでしょうね。

ブログに掲載した時に魅力的に見える写真として、自分をかわいく撮った写真ではなく、**背景に何があるのか想像をかき立てるような写真を意識しています。**

顔は〝工事〟しない限りそうそう変わるものではありません。それよりも背景重視。**ひと味違った背景にしたほうが一枚一枚の自分を新鮮に印象づけられて、殿方も飽きません。**

たとえば、私のベッドヘッドには手錠がかかっています。それが背景に写り込むように撮ると「なんで?」「どうして、そんなところに手錠が?」と思ってハァハァしてしまいますよね。

え、どうして手錠があるかって?

それは、寂しくて眠れない夜に手錠をすると安心するからなんです。

後ろにカーマスートラの本を置いて撮ったこともあります。「なぜ?」って、思われましたよね、きっと。

ブログには普通の顔写真を載せたことがほとんどありません。

バブルバスに隠れて顔が半分だけ見えている写真は撮ったことがありますが、ふつうにニッコリ笑って撮ったら、逆にファンの方から「どうしたの?」と心配されてしまうでしょう。

淑女のみなさまもFacebookやTwitterは、「ひとネタあげよう」ぐらいのつもりで撮ってみてはいかがでしょうか。

「おもしろい人」と思われてもいいと思います。まずは興味を持ってもらう、好きになってもらう。

以前は、グラビアを見て興味を持っていただくということがほとんどだったのですが、最近はブログやテレビを見て知ったという方も多くいらっしゃいます。

蜜は〝どちらから入ってもお得〟な存在でありたいのです。

グラビアを見て「エロいな」と思ってブログを見たらおもしろかった。ブログがおもしろいなと思ってグラビアを見たら、エロすぎて直視できなかった。と、定期券みたいに、どちらから入ってどちらに向かってもいいと思うんです。それぐらいの間口は設けておきたいと思っております。

これは、一般の方にも当てはまります。

ブログと自分のギャップは、とても効果的です。

たとえば、昼間は普通のＯＬだけど、ブログでは袋を開けっ放しにしたクッキーを一日一枚食べてその感想を毎日アップする……というのはいかがですか。「昨日よりモサモサしている」「そろそろ油臭くなってきた」とか。まあ、これはちょっとカオスなんですが。

密は、ガムシロップが冷蔵庫の中で変化していく様子を二年くらいかけて観察したことがあります。ふたは閉まっているガムシロップなのですが、蒸発してなくなっていくのです。

やがてすっからかんになくなってしまうというスペクタクルストーリーをお伝えしたかったのですが、半分くらいなくなった時点で母に捨てられてしまいました。

夜中に突然目が覚めて、たまたま見た深夜番組について話すというのも一興です。「ミミズクが獲物をとるドキュメントを見たら『食いつき』に食いついてしまった」とか、「トランポリン世界選手権でチャンピオンは中国のドンドンという人だった」とか（ってテキトーに書いております）。

深夜、ひとりでいる時間を連想させる内容がいいでしょう。昼よりも夜のほうが、より閉鎖的になって創作意欲も湧きますし、危ない方向にもいきやすい。

スピードスケートの実況の様子がAVの実況に聞こえてしょうがない、ということもありました。

「イイですね～、イイですね～、ちょ～っと脚が開いたけどイイですね～」

いやだ、何言ってるの？

なんて、こうしたおもしろさを共有するには、ブログがいちばんです。

「シュールすぎる」と言われてしまうこともある蜜のブログですが、自分がおもしろいと思った事柄をファンのみなさんと共有する場にしたいため、お仕事の宣伝、告知はしないことにしています。

「壇蜜がどの雑誌に出ているのか、どの番組に出ているのか、一切わからなくて困る」「録画予約を忘れたくないから番宣して」とお叱りのメールをいただくこともありますが、お仕事のお知らせはオフィシャルサイトのほうでさせていただいておりますのでおゆるしください。ひとつのメディアで表現することはひとつと決めています。

壇蜜は空っぽです

恩人が急逝《きゅうせい》したことがあります。その時、私の死生観は変わりました。人間ってあっという間に死んでしまうんだから、あんまり期待しないほうがいいや、そう思うようになりました。

それから葬儀学校に入り、葬儀社に就職しました。

葬儀社では、ご遺体の修復をしておりました。事故に遭われたり闘病生活が長く、お痩せになったり点滴針の痕が残ってしまったりした方に、修復作業を施すことで、元気な頃のお姿に近づけるお仕事です。

ただでさえ死別は辛く悲しいことなのに、お亡くなりになられた方が苦しまれたような表情を残しておりますと、ご遺族はなかなか死を受け入れることができません。亡くなられた方に安らかな表情が戻ると、ご遺族も納得してお別れができ、前向きに悲しみから立ち直ることができるようです。

身体は借り物である。

そんな思いが今の仕事の原動力となっています。

壇蜜という身体は、殿方に向けて発信するツールにすぎない。

ですから、壇蜜の中に〝私〟はいない。壇蜜は空っぽなんです。

その壇蜜を使って編集さんやカメラマンさんがどう遊びたいかご意見をうかがい、動かすのが〝私〟。自分がどう思うかは関係ない。ある意味、〝私〟も裏方なんです。

壇蜜という共同制作物をつくるメンバーのひとり。

昨年あたりから、その考えを徹底してお仕事をするようになりました。そのほうが、私が「こうしたい、ああしたい」と意見するよりも、いいものがつくれるんです。

しょせん女性が表現するエロスは女性目線ですから、私の意見はきっとカメラマンさんの邪魔になるはず。餅は餅屋ではないけれど、殿方向けの雑誌でエロスを表現するなら殿方に聞いたほうが早くて確実です。

だから私にはＮＧはありません。Ｔバックでも手ブラでも、どんな状況でも大丈夫です。できるところまで走ったら、後はバトンを編集の方に渡してゴールはおまかせする、そう心がけております。

最終的な判断は、壇蜜を管理し、守ってくれている事務所におまかせしています。仕事の筋道として、それがいちばん自分自身を納得させるものでした。

壇蜜はエロい、とたくさんの方がおっしゃいます。

死と生と性を体現したもの、それが壇蜜です。

もし壇蜜が本当にエロく見えるのであれば、そこになにか鍵があるのかもしれません。

おわりに

殿方は〝かわいい生き物〟です。だから大切に扱ってあげなければなりません。

しかし、殿方に尽くすことは、女性としてのプライドとの闘いでもあります。

「どうして私ばっかり尽くさなきゃならないの？」と疑問に思うこともあるでしょう。

女性の幸せにはいろいろあります。

殿方に尽くして愛されることだけが幸福ではないことは確かです。

しかし、尽くして自分も得られるものがあることも確かです。

それは、生活を支えてもらうという目に見えることかもしれませんし、一緒にいてもらうことで、自分が落ち着く、充実するという目に見えないものもあります。

殿方にしても誰にしても、人とのつながりは財産ですから、愛し愛されることでモノにもお金にも代えられない何かが得られることは確かだと思います。


……なんて、こうしてエラそうに指南しているわたくし蜜ですが、実は最近、恋愛に恵まれておりません。

このお仕事を始めてから愛しい殿方とお別れしてしまいました。純朴な方でしたから、自分の彼女が人前で開脚したり袋に閉じられたりすることに耐えられなかったのでしょう。時間もなかなか合いませんし。

今は、「エッチなお姉さん」としてみなさまに淫靡な時間をお届けするために心血を注いでおります。

おかげさまでたいへん多くの方からご支持をいただきまして、心より幸せでございます。本当にありがとうございます。

しばらくはお仕事に集中しまして、恋愛は控えめに……と心得ております。そういう時期もありますよね。

素敵な殿方と運命の出逢いがないと嘆いている淑女のみなさま、焦らずまいりましょう。

いずれ出逢います。

無理をしないで、いたずら心は忘れずに、シワは増やさず、一緒にゆっくり年をとってまいりましょう。

文庫版あとがき

大和書房 編集　白井さん(♀)江

「白井さん江」と書いただけでは「白井さん」って誰ですか？となりかねなかったので、あえて白井さんの肩書きを前置きしようと思ったら…白井さんの正式な肩書きが分かりませんでした。私たち出会ってもう1年以上たつのに…。とりあえず分かる範囲で書いてみたから…なんか…すまん。でも大和で働いていて、編集の仕事してる白井さん、ってコトは分かりましたよね。あと、女の人ってコトも。

白井さんとはじめて会ったのは2012年の終わり頃でしたね。映画の撮影をしていて、ナース服姿の私の所に来てくれて、「本を出しませんか？」と企画書を渡してくれましたね。そのお誘いに対し私は、「タレント本、きらいなんですよ、スミマセン」と冷たく答えた

page 1

コトをよく憶えています。嫌な奴だったでしょう(笑)。今も昔もタレントとして夢を押し売りするのは苦手でしたから、私がイメージしている「ステキライフ」や「オフショット」と呼ばれる世界を出してゆくのが本当に無理なんです。大体オフショットって頼まれてオフショット撮ったらそれオフショットじゃないじゃんとすら思うひねくれ者ですから…。ブログにネイル新しくしたとか手作りのランチを載せないような女がどうやって本を出すか…。白井さんにとって「壇蜜が本を出す」という行為の先に何があるのだろうか。当時私がそれが分からなかったから、OKできなかったのでしょう。その後も白井さんは何度も訪ねて面談してくれましたね。そして、私も白井さんも自信よりも「モテって何だよ一人の殿方に好かれればそれで良いじゃないか」という私の考えてきたコトを

page 2

ライターさんに伝えて、本にしてみようかという「独りよがりの意見書」を作りたくなっていったような気がします。そして方向性が固まりかけた時に、私の半生をつづった『蜜の味』が出版されるんですよね…
恐らくですが、ホントに恐らくですが、白井さんはショックだったし悲しかったと思います。私だって当時も今も何故こんなコトになったのかは予想でしかないけど、「大体は分かる」のですが…。無性に自分の力の無さを感じたのです。今でも何ができるかって聞かれたら即答できませんが。今となっては2冊の本とも私の大切な商売道具…じゃなかった、自分の考えや人生を記したものとして、私の心に、そして読んで下さった方々の心にぐっさりと刺さっていると思います。

page 3

何だかんだで1年以上たって、お互い色々
ありましたね。…少なくとも私は、移籍して
引っ越して、お給料…ちょっと上がりました。
そんな時に提案してもらったエロスの
お作法の文庫化。嬉しかったのもあり
ましたが、白井さんと出会ってライターさんと
取材を何回もくり返して、当時思っていた
コトをほぼお話して、原稿が出来て、
私がチェックしてまた書き直したり吟味
したり…あの約1ヶ月間が再びまだ見ぬ
読者の方々に「求められた」事実が有り
難くて有り難くて仕方ありません。いまだに
「モテ」に対する気持ちは変わらず、本文の
内容は変更致しませんが、文庫化を
記念して「あとがき」のひとつでもつけたら…
ねぇ…ニヤリ。
改めて、
ありがとうございました。 Honey xx

page 4

本書は二〇一三年に小社より刊行されました。

STAFF
スタイリスト　北澤〝momo〟寿志（band）
ヘアメイク　石田賢治（KiKi inc. for Botanical）
着付け　清水礼子

壇蜜（だん・みつ）
1980年、秋田生まれ。いくつもの職業を経て2010年グラビアデビュー。2012年、映画『私の奴隷になりなさい』に主演し、テレビ番組も多数出演。週刊誌からファッション誌まで幅広く活躍中。日本舞踊師範、英語教員免許、調理師免許などの資格を持つ。著書に『蜜の味』（小学館）、『はじしらず』（朝日新聞出版）がある。

だいわ文庫

エロスのお作《さ》法《ほう》

著者 壇《だん》蜜《みつ》

二〇一四年四月一五日第一刷発行
二〇一五年二月二〇日第三刷発行

発行者 佐藤靖
発行所 大和《だいわ》書房
東京都文京区関口一―三三―四 〒一一二―〇〇一四
電話 〇三―三二〇三―四五一一

装幀者 鈴木成一デザイン室
本文デザイン 日高慶太（monostore）
写真 金子亜矢子
編集協力 安楽由紀子
本文印刷 信毎書籍印刷
カバー印刷 山一印刷
製本 ナショナル製本

ISBN978-4-479-30476-0
乱丁本・落丁本はお取り替えいたします。
http://www.daiwashobo.co.jp